Taoismus zur Einführung

Florian C. Reiter

Taoismus zur Einführung

JUNIUS

Junius Verlag GmbH
Stresemannstraße 375
22761 Hamburg
Im Internet: www.junius-verlag.de

Umschlaggestaltung: Florian Zietz
Satz: Druckhaus Dresden
Printed in the EU 2011
ISBN 978-3-88506-386-5
3. Auflage August 2011
(Zur Einführung; 286)

Bibliografische Information der Deutschen Nationalbibliothek
Die Deutsche Nationalbibliothek verzeichnet diese Publikation in der Deutschen Nationalbibliografie; detaillierte bibliografische Daten sind im Internet über http://dnb.d-nb.de abrufbar.

Inhalt

Vorwort

Der vielschichtige Begriff »Taoismus« hat einen ebenso mysteriösen wie viel versprechenden Klang in den Ohren vieler Menschen in Europa und anderswo. Nur selten wird berücksichtigt, dass im alten wie im neuen China der Taoismus nicht nur Quelle oft schwer fassbarer philosophischer Konzepte war, sondern auch als Religion seit bald zweitausend Jahren in allen Gesellschaftsschichten Chinas präsent war und in ihnen auf verschiedenste Weise seinen Einfluss ausübte.

Im vorliegenden Buch wird versucht, den religiösen Taoismus nach wesentlichen, charakteristischen Themenkreisen aufzuschlüsseln und vorzustellen. Auf diese Weise kann auch die Verbindung zwischen den Anfängen des religiösen Taoismus im 2. Jahrhundert und der Gegenwart hergestellt werden, ohne dass damit eine »Geschichte« des Taoismus auch nur entfernt intendiert wäre.

Sicherlich ließen sich auch noch weitere Themenkreise, neben den hier benannten, ausmachen, und jeder der im vorliegenden Buch behandelten könnte weiter zu einer Monographie ausgearbeitet werden. Das Thema »Taoismus« ist äußerst komplex. Dennoch meine ich, dass die vorliegende Einführung ein klares Bild des religiösen Taoismus mit seinem Wirken und Sein unter historischer Perspektive entstehen lässt. Ich hoffe, dass diese Präsentation entweder Anregungen beim Studium des Taoismus geben kann oder aber auch manchen Leser zu solchen Studien überhaupt erst motiviert.

Einleitung: Taoismus als Gegenstand der Forschung und Erfahrung

Europa: Östliches Denken, Medizin und Esoterik

Europäische und speziell deutsche Schriftsteller und Intellektuelle sind bei ihrer Beschäftigung mit chinesischer Geisteskultur in der Regel auf Übersetzungen und Interpretationen angewiesen, die sich nur selten auf fachwissenschaftliche und vor allem philologische Kompetenz gründen. Allgemein bekannte Standardwerke chinesischer Philosophie wie zum Beispiel das *Tao-te ching*, die »Schrift vom Weg und seiner Wirkkraft«, das Lao-tzu [1] zugeschrieben wird, oder das vielleicht ebenso bekannte Buch *Chuang-tzu* [2] haben vielseitige Anregungen gegeben, die unter der Rubrik »östliches Denken« neue und gelegentlich als »befreiend« empfundene Wege der Philosophie und Lebensgestaltung anzubieten scheinen. Scheint doch der »Weg« *(tao)* des Lao-tzu frei zu sein von jenen Parametern menschlichen Denkens und Handelns, die im Abendland historisch gewachsen und vom Christentum bestimmt sind. »Östliches Denken« scheint hiervon Befreiung oder eine gewisse Loslösung zu bieten, wie manche Vertreter der neueren Philosophie glauben machen wollen.[3] Bietet »der Osten« nicht auch Wege der Lebensgestaltung, der Erhaltung und Pflege bzw. der Wiedergewinnung von Gesundheit und Wohlbefinden unter dem Anspruch der »Ganzheitlichkeit«? Findet sich nicht im »östlichen Denken« der Weg zum Menschsein und dessen Verständnis ohne den liebenden oder strafenden Gottvater des Abendlandes mit seinen Geboten und irdischen, d.h. kirchlichen und beamteten Repräsentanten? Eine zustimmende Grundeinstellung und Überzeugung leitet, wohl unreflektiert, manchen der Autoren, die unter der Sparte »Esoterik« die Regale unserer Buchläden zu bestücken helfen.

Ärzte suchen ergänzende und substituierende Methoden der Heilung, die als Alternativen zur europäischen Schulmedizin Anwendung finden sollen. Die psychosomatischen und auch religiösen Komponenten, die der Anwendung medizinischer Methoden und Mittel in China inhärent waren und sind, werden im europäischen Verständnis auf eine »Ganzheitlichkeit« verkürzt und umgedeutet, weil wesentlich missverstanden.

All diesen Bemühungen ist nämlich gemein, dass sie selektive Kulturimporte darstellen. Elemente chinesischer Philosophie und Tradition werden aus ihrem Kontext gelöst und europäischen Bedürfnissen nach »anderen Wegen« angepasst. Der »indoeuropäische Fluch«, dem Alexander Ular mit dem Text des *Tao-te ching* entfliehen wollte, war für Richard Wilhelms Übersetzung wie für Übersetzer jüngerer Zeit sicherlich keine Hypothek.[4] Dennoch gilt, dass der philosophisch interessierte Leser die Aussagen des chinesischen Textes unter den Voraussetzungen des eigenen europäischen Kulturverständnisses weiterdenkt und weiterentwickelt, gelöst vom ursprünglichen Umfeld, von Sinn und Zweck des Textes.

Aphoristische, teils kryptische Texte wie das *Tao-te ching* eignen sich sehr für diese Art von Textverarbeitung, die jeweils für sich in Anspruch nimmt, »das Denken des Lao-tzu« oder »das östliche Denken« überhaupt richtig verstanden zu haben.

Für das deutsche Verständnis des *Tao-te ching* spielen der historische Rahmen der »Streitenden Reiche« (475-221 v. Chr.) und die späteren, über Jahrhunderte entwickelten Interpretationslinien in China keine Rolle, einfach aufgrund der Unkenntnis der Texte, zu denen keine wissenschaftlichen Übersetzungen vorliegen. Für das Thema Medizin, in Theorie und Praxis mit der breiten Konnotation von Gesundheit, Krankheit, Alter und Tod verbunden, fällt der genuin taoistische Rahmen mit seiner religiösen Bedeutung vollkommen fort.

Der für China spezifisch osmotische Verbund von Philosophie, Religion und einer entsprechenden Orthopraxis, die Heilkunde (Medizin)[5] mit einschließt, kann in Europa nicht zur Geltung kommen. Während also dieser Verbund in Deutschland schlichtweg nicht realisiert werden kann, weil das nötige Wissen und das chinesische soziale wie historische Umfeld fehlen, wird heute in der VR China das religiöse Moment gezielt marginalisiert. Unter dem Vorwurf einer fehlenden Wissenschaftlichkeit werden Medizin und Heilkunde aus dem genannten Verbund gelöst und für sich betrachtet, gewissermaßen ihrer spirituellen Komponenten entkleidet. Waren doch die alten heilkundlichen Verfahrensweisen mit religiös-taoistischen, exorzistischen und schamanistischen Hintergründen verwoben, die in das marxistisch (»wissenschaftlich«) orientierte Denken nicht passen.

Jene ursprüngliche »Ganzheitlichkeit« aber, die der religiöse Taoismus für sich beansprucht, geht in all diesen Fällen verloren und kann nicht wieder hergestellt werden, da ihre Prämissen weder mit den marxistischen noch mit den westlich-wissenschaftlichen austauschbar sind.

In diesem Buch geht es um eben jene Prämissen und ihre Bedeutung für den religiösen Taoismus, der, wie gesagt, in einzigartiger Weise einen spezifischen Verbund von Philosophie, Religion und Orthopraxis darstellt. Es steht zu hoffen, dass mittels dieser Information die moderne »Esoterik«, sofern sie sich auf China und den Taoismus bezieht, neu überdacht werden kann.

In Europa wird etwa seit der Wende vom 19. zum 20. Jahrhundert die akademische Erforschung des Taoismus gepflegt. Zunächst wurden vorzugsweise jene Texte studiert, die der chinesischen Philosophie zugerechnet werden. Alles, was als »populäre« und daher »vulgäre« Kultur galt, ließ man links liegen, geflissentlich ohne Kenntnisnahme des beachtlichen Anteils, den die chinesische Elite der Literaten eben auch an diesen Lebenssphären nahm.

Die Sinologie orientierte sich also an den Wertmaßstäben, die in den offiziellen Bibliographien kaiserlicher Bibliotheken dokumentiert sind.[6] Es hat lange gedauert, bis auch jene umfassenden und diffusen Bereiche der chinesischen Kultur das Interesse der akademischen Sinologen erregten, die mit dem Stichwort »Religion« und speziell mit dem »religiösen Taoismus« verbunden sind.[7]

China: Philosophie, Literatur und Religion

Der Taoismus ist ein integrales Element des chinesischen Kulturerbes. Die in Europa oft geübte strikte und wertende Unterscheidung zwischen philosophischen und religiösen Inhalten bzw. Anwendungen folgt einem oberflächlichen Verständnis chinesischer und konfuzianisch geprägter Präsentationen. Im alten wie im neuen China gelten in der traditionellen und offiziellen Darstellung des eigenen Kulturerbes Maßstäbe, die eine spezielle, alle Gesellschaftsschichten durchdringende historische Realität, nämlich den *religiösen* Taoismus, wesentlich auszublenden suchen. Wie ist das zu erklären?

Der Beamte, in Europa als Mandarin bezeichnet, war traditionell Träger des offiziösen Bildungswissens, das er in zahlreichen gestuften Staatsprüfungen unter Beweis zu stellen hatte.[8] In seiner Person konzentrierte sich die Kultur des Literaten im alten China, deren Vielseitigkeit zu ihren hervorragenden, sicher einmaligen Merkmalen gehörte. Poesie, Malerei, Musik und literarisches Bildungswissen, geknüpft an bestimmte Schriften und Texte *(ching)*, die in Europa »Klassiker« genannt werden[9], bedeuteten für den Literaten und Beamten Selbstverständnis und berufliche Legitimation.

Die literarische Dokumentation dieses Bildungswissens erfolgte z.B. im Bestand der kaiserlichen Bibliotheken, für die seit der Han-Zeit (206 v. Chr. - 220 n. Chr.) in den »Dynastiegeschichten«[10] Indices, bibliographische Kategorien und jeweils passende interpretative, einleitende oder abschließende Besprechungen vorliegen. Grundlage dieser Besprechungen sind Kategorien oder Standards, die dem konfuzianischen Weltbild entsprechen. Seit der Han-Zeit kann dieses Weltbild als Grundlage gelten, wenn es auch, keineswegs statisch, über die Jahrhunderte hinweg Weiterentwicklungen erfuhr, wie auch die genannten bibliographischen Kategorien selbst. In diesem Sinne sei z.B. an den »Neo-Konfuzianismus« der Sung-Zeit (960-1278 n. Chr.) erinnert.[11]

Die Schriften, in denen solche Weiterentwicklungen formuliert wurden, galten in China zugleich als Literatur und Philosophie. In Anbetracht der immensen Bedeutung der »Klassiker« – Schriften, deren Edition und Textredaktion teils auf Konfuzius zurückgeführt werden – verwundert es nicht, dass »Philosophie« sich primär im Gewande von Textinterpretationen zu ebendiesen Klassikern darstellt, d.h. in philologischen und historischen Studien. Es ist sicher richtig, dass das philologische und historische Studium jener Klassiker *(ching)* eine Legitimation für intellektuelle Exkurse darstellte und zugleich dem genuinen Selbstverständnis der Literaten entsprach.

In den klassischen Schriften wurde die Grundlage für Frieden und Wohlstand im Reich dargestellt. Hier konnte nachgelesen werden, wie sich der Kaiser, dem »himmlischen Mandat« zur Herrschaft über »alles unter dem Himmel« entsprechend, zu führen habe, nämlich in harmonischer und exemplarischer Güte und stets im Einklang mit den rituellen wie religiösen Normen der Antike.[12]

Wenn wir wissen wollen, welchen Platz in diesem Rahmen der Taoismus als Philosophie und Religion einnimmt, wenden wir uns an den Bibliothekskatalog »Umfassender Katalog aller Schriften in den vier Schatzhäusern« (1772 n. Chr.) des Ch'ien-lung-Kaisers, dessen vierteilige Anlage seit der Sui-Zeit (581-618) etabliert ist und sich seitdem in den »Literatursektionen« der nachfolgenden Dynastiegeschichten wiederfindet.[13] Das Werk, das der Ch'ien-lung-Kaiser in Auftrag gegeben hatte, ist als End- und Höhepunkt einer fast zweitausendjährigen bibliographischen Tradition zu würdigen.[14]

Die erste Kategorie, die Klassiker oder »Schriften« *(ching)*, werden vom »Buch der Wandlungen« *(I-ching)* und späteren Kommentarwerken eröffnet.[15] Die Entstehung dieses Werkes wird mit dem legendären Kulturheroen Fu Hsi, dem Schöpfer der »Acht Trigramme« *(Pa-kua)*, und dem Chou-König Wen verbunden sowie mit der Redaktionstätigkeit des Konfuzius. Der Mechanismus der Weltordnung mit ihrer zyklischen Entwicklung wird in dieser Schrift beschrieben, wobei sich Werden und Entstehen, Vergehen und Verfall gemäß den Gesetzmäßigkeiten positiver *(yang)* und negativer *(yin)* Potenzen ablösen. Leicht erkennbar ist die weitere Verbindung dieses Konzepts mit den Theorien von den »Fünf Elementen« *(wu-hsing)*, die das zyklische Element qualitativ spezifizieren. Das mit diesen Begriffen formalisierte und charakterisierte Weltbild bezieht sich natürlich auch auf die menschliche Gesellschaft, auf die Physis des Menschen, den Kosmos als Ganzen und alle denkbaren Funktionen und Wesen des ebenso abstrakten wie realen Seins.

Menschliche Herrschaft, ihre Blüte und ihr Verfall, können mit dem *I-ching* (oder *Pa-kua*) analysiert und prognostiziert werden. Diese Texte haben also auch höchste Priorität für die Erkenntnis des rechten und vollkommenen Wesens menschlicher Herrschaft, des *Tao* des Herrschers. Dieses Konzept formierte sich im antiken China der Chou-Zeit, d.h. zur Zeit der »Streitenden Reiche«, lange bevor es den »Taoismus« als definierte Gruppe literarischer und philosophischer Spezialisierung bzw. als »religiösen Taoismus« gab.

Die »Experten des Tao« *(tao-chia)* waren damals gelehrte »Gäste« an einigen Herrschaftshöfen der Teilstaaten jener Zeit, die sich in Konkurrenz mit anderen Beratern und Strategen der Macht mit Präsentationen des »Tao der Herrschaft« verdingten. Ihre Schriften, die der praktischen Staatsführung dienten und für die andererseits das soeben angesprochene Weltbild bestimmend war, gelten in China als Philosophie, die wir sachlich treffend als praktische Philosophie bezeichnen können.

Diese praktische Philosophie ist sehr vielfältig. Der genannte Katalog des Ch'ien-lung-Kaisers fasst sie in der dritten Sektion unter der Rubrik »Philosophen« zusammen. Vor ihnen, auf dem zweiten Platz, stehen die »Geschichtswerke«, denen eindeutig ein höherer Rang zukommt, dokumentieren sie doch Blüte und Verfall der Herrschaft und haben somit didaktischen Charakter. Sie sind gewissermaßen Lehrbücher für den Herrscher. Wir erfahren, dass die »Philosophen« nur in Verbindung mit den »Schriften« (erster Rang) das rechte Rüstzeug für die Führung des Staates und des Volkes geben.[16]

Das *Tao-te ching* findet sich in jener dritten Sektion. Sein Autor, Lao-tzu, soll als politischer Ratgeber zur Zeit des Konfuzius (6. Jahrhundert v. Chr.) am Gebaren der Chou-Herrscher verzweifelt sein, die seinem guten Rat nicht folgen wollten. Laut Tradition verließ Lao-tzu China in Richtung Westen, nicht ohne seine politischen Weisheiten in Form des genannten Buches *(Tao-te ching)* am Han-ku-Pass dem Zöllner Yin Hsi übergeben zu haben.[17]

Seine Schrift steht also in der Untergruppe »Experten des Tao« *(tao-chia)*, die auf das Tao menschlicher Herrschaft und menschlichen Lebens spezialisiert waren, die Blüte und Verfall registrierten und deuteten. In diesem Sinne hat die taoistische Schriftstellerei, und speziell Lao-tzu, eine klare Position im Wertesystem der chinesischen Literaten, in dem Literatur und Philosophie in einer staatstragenden und pragmatischen Zweckgebung verschmolzen sind. Lao-tzu exemplifiziert dabei den Typ des »guten Beraters«, der es vorzieht, sein Amt niederzulegen, wenn die menschliche und moralische Qualität des Herrschers seine Zustimmung nicht finden.

Politische sowie religiöse Berater waren wie die »Experten« *(fang-shih)* der magischen und divinatorischen Künste sowie der Techniken der Lebensverlängerung (»Unsterblichkeit«) im antiken China Teil der Sphäre der Macht, der Hofkreise und der administrativen Elite.[18] Ihre entsprechenden Schriften – z.B. die der »Experten der Fünf Elemente« *(Wu-hsing chia)* – soweit in späteren Überlieferungen überhaupt noch erhalten, zählen im Ch'ien-lung-Katalog wie in den früheren Dynastiegeschichten (»Literatursektion«) zur dritten Kategorie »Philosophie«.

Dem Autor des *Tao-te ching*, Lao-tzu, kommt in diesem Kontext ein besonderer Rang zu. Im 2. Jahrhundert n. Chr. soll er, inzwischen als »Allererhabenster Lord Lao« (T'ai-shang Lao-chün) vergöttlicht, in der Provinz Szechwan einen Mann namens Chang Tao-ling als »Himmelsmeister« initiiert haben. Der »Himmelsmeister-Taoismus« soll mit dieser Initiation, im Sinne eines Gründungsauftrags, seinen Anfang genommen haben. Der sich in den folgenden Jahrhunderten entwickelnde religiöse Taoismus existiert bis heute.[19]

Seine Schriften sind im Katalog des Ch'ien-lung-Kaisers größtenteils nicht registriert. In der »Literatursektion« der Sui-Geschichte wird eine Beschreibung des religiösen taoistischen

Schrifttums *(Tao-ching)* nach dem Ende der vierten und letzten Sektion (»Sammlungen«) gegeben, also »außerhalb stehend«, gewissermaßen jenseits des literarischen Standards.[20]

Im Folgenden wollen wir u.a. denjenigen Komponenten des religiösen Taoismus nachgehen, die wir zum Teil schon benannt haben, um ihre Bedeutung und ihren Beitrag für die Ganzheit des religiösen Taoismus kennen zu lernen.

Hauptteil: Historische und theoretische Aspekte des religiösen Taoismus

Die Grundlagen im religiösen Staatskult, geographische und kosmische Determinanten

Das religiöse Leben in den Epochen der Ch'in-Dynastie (255-208 v. Chr.) und Westlichen Han-Zeit (206 v. Chr. - 23 n. Chr.) war im Bereich der staatlichen Administration wesentlich vom Ahnenkult des herrschenden Klans bestimmt, verbunden mit der Verehrung von Natur- und Sterngottheiten.[21] War in der Antike der oberste Ahn des Herrscherhauses schließlich zum Gottahn *(shang-ti)* aufgestiegen, so wurde unter den Chou-Herrschern ab 1122 v. Chr. allmählich die oberste religiöse Autorität der vorhergehenden Herrschaft durch den Begriff des Himmels *(t'ien)* ersetzt, dessen Gesetzmäßigkeit im natürlichen Weltgefüge und seiner Ordnung (*tao* oder *t'ien-tao*) erkennbar ist. Dies erforderte z.B. rituelle Verhaltensweisen des Kaisers, des »Sohns des Himmels« *(t'ien-tzu)*, die diejenigen emblematischen Zahlenkategorien praktisch realisierten, welche die Weltordnung beschrieben. Es sei bemerkt, dass der erste Kaiser der Ch'in (Ch'in Shih Huang-ti) sogar mit dem Titel »Erhabener Gottkaiser« *(Huang-ti)* eine im religiösen Sinne gottähnliche Position für sich selbst in Anspruch nahm. Die rituell relevanten Zahlenkategorien sollen jedenfalls in den antiken magischen Diagrammen *Ho-t'u* und *Lo-shu* enthalten sein.[22] Der Kaiser hatte den Jahreszeiten entsprechend zu handeln, denn Verfehlungen im angemessenen rituellen Verhalten wurden für Naturkatastrophen und anderes Unglück verantwortlich gemacht. So hielt er im Sommer zu festgelegten Zeiten in der »Leuchtenden Halle« *(Ming-t'ang)* seine Audienzen. Die *Ming-t'ang* war ein Gebäude mit acht den Himmelsrichtungen entsprechenden Türen. Sein Parallelstück soll die »Dunkle Halle« *(Hsüan-t'ang)* gewesen sein.[23] All dies verweist auf eine sehr von formalen Gesichtspunkten bestimmte religiöse Sphäre, in der als oberster Priester nur der Herrscher fungierte.

Sie war in der Han-Zeit (206 v. Ch. - 220 n. Ch.) geprägt von einer Vielzahl religiöser Vorstellungen, die mit den Namen Huang-ti (»Gelber Kaiser«) und Lao-chün (Lao-tzu) verbunden sind, zusammengefasst unter dem Begriff *Huang-Lao*.[24]

Der »Gelbe Kaiser« (Huang-ti), auch Hsüan-yüan genannt, repräsentiert unter den fünf Gottkaisern, entsprechend der Lehre von den fünf Elementen *(wu-hsing)*, die Farbe »Gelb«, das Element »Erde« und die »Mitte«. Der Gelbe Kaiser galt sowohl als legendärer Gottahn und erster die Welt beherrschender Idealkaiser als auch als einer der fünf Himmelskaiser und somit als Sterngottheit.[25] Huang-ti avancierte in der späteren Chou-Zeit zum Ahnherrn des Herrscherhauses der Chou und erhielt daher den Klannamen Chi. Im 4. Jahrhundert v. Chr. wurde Huang-ti als historische Persönlichkeit angesehen, welcher der »Großhistoriker« Ssu-ma Ch'ien (ca. 145 - 90 v. Chr.) in seinen »Aufzeichnungen des Großhistorikers« *(Shih-chi)*, dem ersten umfassenden Geschichtswerk Chinas, die erste Biografie widmet.[26]

Zugleich aber war »Huang-ti« der Schlüsselname in einer Gruppe von religiösen Instanzen, die nicht wie die antiken Heroen Yao, Shun und Yü entfernt dem Ahnenkult verbunden waren, sondern vielmehr dem Himmels- bzw. Sternenkult. In dieser Position soll Huang-ti die Götter des Regens und des Donners beherrscht haben.[27] Es wird gelegentlich die Vermutung angestellt, dass Huang-ti eine andere Form des obersten Gottahns

Shang-ti darstellt.[28] Huang-ti wird jedenfalls in taoistisch orientierten Kreisen der ausgehenden Chou-Zeit (4./3. Jahrhundert v. Chr.) als Inspirator und Urheber makrobiotischer Schriften angesehen, als Urheber jener Fertigkeiten und Kenntnisse, die dem Streben nach einer Verlängerung des Lebens, ja nach Unsterblichkeit, entspringen.[29]

Die Exponenten solcher Vorstellungen und Schriften, Experten für Techniken der Pflege des menschlichen Lebens – Atemtechnik, Gymnastik, Diätetik, Sexualpraktiken –, verstanden sich auch auf divinatorische Fertigkeiten und rituelle Formen der Bestätigung der Herrschaftslegitimation. Sie berieten die Verwaltung ebenso, wie dies früher schon Lao-chün (Lao-tzu) getan haben soll, bevor er die Chou-Herrschaft als seiner Dienste unwürdig erkannte und China verließ. Nun aber erschien Lao-tzu als Patriarch einer Schule, welche die Verlängerung bzw. Bewahrung des Lebens durch Meditation erstrebte. Herz und Bewusstsein seien von allen möglichen Inhalten zu entleeren, bis ein Zustand absoluter Leere und Stille erreicht sei, der sowohl in die »harmonische Natürlichkeit« *(tzu-jan)* hineinführe wie auch zu einer »Wirksamkeit durch Nichthandeln« *(wu-wei)*.

In der Han-Zeit meint der Begriff *»Huang-Lao«* wohl zwei Gruppen von Schriften, die am Kaiserhof von Beratern vertreten werden. Sie konzentrieren sich auf die staatliche, politische Umsetzung der taoistischen, mit Lao-tzu verbundenen Lehre vom Nichthandeln *(wu-wei)*.[30] Es ist offensichtlich, dass die staatliche, offizielle Anteilnahme an »Religion« höchst vielseitige Anknüpfungspunkte kannte. In diesem Rahmen kommt den Vertretern der Huang-Lao-Lehren eine nicht unerhebliche Rolle zu.

Wie sich Vorstellungen, die in der Forschung mit dem Taoismus verbunden werden, mit von ihm unabhängigen Staatsritualen vermischen, zeigen klar die so genannten Feng- und Shan-Opfer.[31]

Beide Opfer wurden am Berg des Ostens, dem Berg T'ai-shan in der Provinz Shantung vollzogen. Eine »Leuchtende« und eine »Dunkle Halle« sollen sich an der nordöstlichen Seite dieses Berges befunden haben, offensichtlich angelegt zum Empfang des Sonnenlichts, das auch im späteren religiösen Taoismus eine sehr wichtige Rolle spielt. Gemäß den »Aufzeichnungen des Großhistorikers« von Ssu-ma Ch'ien soll Huang-ti bis dato der einzige Herrscher gewesen sein, der erfolgreich die Feng- und Shan-Opfer ausführen konnte.[32] Sie fanden auf dem Berg selbst *(feng)* sowie auf einem seiner Vorhügel *(shan)* statt. Vielleicht kann dies mit alten schamanistischen Ansichten verbunden werden, wonach der Mensch Berge besteigen und dort oben mit den Gottheiten kommunizieren könne.[33] Das Feng-Opfer richtet sich also mit Proklamationen zu vollbrachten Herrschaftsleistungen an die Himmelsgottheiten, vor allem an den »Größten Einen« *(T'ai-i)*, das Shan-Opfer dagegen an die Erdgottheiten.

So konnte also Huang-ti, weiß Ssu-ma Ch'ien zu berichten, mit den Gottheiten in Verbindung treten und auf einem Drachen reitend zu ihnen auffahren.[34] Die Verbindung zu den Gottheiten, die rituell herzustellen ist, kann als Schlüsselthema der antiken chinesischen Religion bezeichnet werden, das der viel spätere religiöse Taoismus integriert und weiterführt.

Als 110 v. Chr. der Han-Kaiser Wu-ti (141-87 v. Chr.) erstmals den T'ai-shan bestieg, um das Feng-Opfer zu vollziehen, war dies ein Triumph für die Taoisten, die mit den Huang-Lao-Lehren verbunden waren. Han Wu-ti wollte es dem Huang-ti gleichtun und wie jener versuchen, die irdische Profanität abzulegen. Der T'ai-shan wurde also bestiegen und eine versiegelte Meldung des Kaisers an die Himmelsgötter dort oben deponiert.[35]

Vergleichbar ist diese Unternehmung mit dem Versuch des »Ersten Kaisers der Ch'in«, die »Inseln der Unsterblichen« aufsuchen zu lassen, um die »Medizin der Unsterblichen« zu bekommen.[36] Durch sie sei es dann möglich, glaubte der Kaiser, ein »Vollkommener« *(chen-jen)* zu werden, dem unbegrenztes Leben gegeben sei.

Als Kaiser Han Wu-ti jene Opfer ausführen wollte, waren die Vorzeichen gut: Im Jahr 113 v. Chr. soll ein berühmter Dreifuß aus dem Chou-Nachlass gefunden worden sein.[37] Dies beweist die Notwendigkeit und den Wunsch des Kaisers, seine Legitimation und Verbundenheit mit den Gottheiten durch positive Vorzeichen abzusichern. Bei allen Aspirationen nach Sublimierung des individuellen Lebens steht doch das Interesse an der Herrschaftssicherung durch eine religiöse Bestätigung im Vordergrund. Jener Dreifuß war beim Untergang der Chou verloren gegangen. Seine Auffindung bestätigte die »Würdigkeit« Han Wu-tis.

Höchste Auszeichnung in diesem Sinne war jedoch die Ausführung der aufwendigen Feng- und Shan-Opfer, deren Details den konfuzianischen Staatsbeamten unklar waren. Hier konnten sich die religiösen Experten aus dem Kreis der Taoisten einbringen. Die erfolgreiche Ausführung sollte die »Güte« des Herrschers, als vom Himmel akzeptiert, bestätigen.

Der Großhistoriker Ssu-ma Ch'ien gibt in seiner Monographie *(Shih-chi)* sehr genau Auskunft über den religiösen Rahmen für diese Praktiken. Mit Bezug auf das klassische »Buch der Dokumente« *(Shu-ching)* beschreibt er, wie Kaiser Shun astronomische Beobachtungen anstellt, um dann dem »Obersten Gottkaiser« *(Shang-ti)* und den »Sechs Ehrwürdigen«, nämlich »Kälte«, »Hitze«, »Sonne«, »Mond«, »Sterne« und »Dürre«, zu opfern. Aus der Ferne, heißt es da, opferte er den Bergen und Flüssen und erwies seine Folgsamkeit allen spirituellen Kräften *(shen)*.[38] Der Text beschreibt sodann die Erneuerungszeremonie der Belehnung der Adligen der fünf Ränge im Zuge einer Audienz. Dann, im zweiten Monat, machte Kaiser Shun seine »Inspektionsreise« nach Osten, die ihn zum Berg T'ai-shan führte. Dort richtete er ein Brandopfer an den Himmel aus und opferte an die verschiedenen Berge und Flüsse. Daraufhin traf er die »Feudalherren des Ostens«, harmonisierte die Zeiteinteilungen (Jahreszeiten/Monate), berichtigte die Zählung der Wochentage sowie die Längen- und Raummaße, die Gewichte u.a. Im fünften Monat führte die Inspektionsreise den Kaiser nach Süden zu einem Besuch am Berg Heng-shan, wo er dieselben Handlungen wiederholte. Im achten Monat kam er nach Westen zum Berg Hua-shan, im elften Monat nach Norden zum Berg Heng-shan. Dieser Vorgang sei alle fünf Jahre zu wiederholen.[39]

Eine der Begründungen des Großhistorikers stammt aus dem »Buch der Riten« *(Li-chi)*. Hier wird gesagt, dass der »Sohn des Himmels«, der Kaiser, allen berühmten Bergen und großen Flüssen in dieser Welt opfert. Die »fünf heiligen Berge« gelten ihm als höchste Staatsbeamte[40] und die vier großen Wasserläufe (Yang-tzu, Huang-ho, Huai und Chi) als Feudalherren. Die (realen) Feudalherren opfern dagegen *nur* den berühmten Bergen und Flüssen in ihren Bereichen.[41]

Der Großhistoriker berichtet im Detail den Zusammenhang zwischen rechtem, gutem Verhalten des Herrschers und der Ausführung von Staatsritualen. Voraussetzung für sie ist die Integrität der Persönlichkeit des Herrschers.

Zusammenfassend können wir folgende Aspekte hervorheben:

1. die Orientierung im Hinblick auf das Kalenderwesen und die Daten für rituelle Handlungen durch die astronomische Ordnung,

2. die Bedeutung rituellen Handelns als Ausdruck und Legitimation menschlicher Herrschaft,

3. die Rangunterschiede innerhalb der geographischen Bezugspunkte, denen eine religiöse oder spirituelle Potenz zugesprochen wird,

4. die symbolische Bedeutung numerischer Zahlenkategorien als Ausdruck physischer und transzendenter Realität,

5. die Identifikation der kosmischen und geographischen Welt als Gegenstand einer religiösen Administration, die der Mensch verwaltet,

6. die Gestaltungsmöglichkeit des menschlichen Lebens und die Möglichkeit, sich der Weltlichkeit zu entziehen (Langlebigkeit, Unsterblichkeit),

7. die Nähe der Sphäre des Göttlichen und die Möglichkeit für den Würdigen und Wissenden, sich ihr anzuschließen.

Diese Gesichtspunkte gehören zum historischen und religiösen Hintergrund, vor dem die Entstehung und Entwicklung des religiösen Taoismus im 2. Jahrhundert n. Chr. zu sehen ist. Dabei ist vor allem auch der weit gespannte und schwer fassbare Bereich jener religiösen und magischen Kultur der »Experten« *(fang-shih)* und der »Schamanen« *(wu)* zu berücksichtigen. Dieser Personenkreis stellt die Berater in religiösen Dingen, eben die Akteure, deren sich die Administration praktisch bedienen musste. Diesem Personenkreis widmet sich das folgende Kapitel.

Schamanen *(wu)* und Experten *(fang-shih)* und ihre Methoden: Religiöse Akteure in der Epoche vor der Zeitenwende

Im Zusammenhang mit den Feng- und Shan-Opfern, ausgehend von Darstellungen des Großhistorikers Ssu-ma Ch'ien und seinen »Aufzeichnungen« *(Shih-chi)*, wurde das religiös-geographische Rahmensystem für diese Opfer angesprochen.[42] Hier betrachten wir nun die Personen, die dieses System trugen und mit ihrem religiösen bzw. rituellen Wissen und Können auslegten. Sie begleiteten die Mächtigen der Zeit, wie jene »Aufzeichnungen des Großhistorikers« zeigen, und gestalteten für sie die religiösen Festivitäten. Dieser Personenkreis wird mit den Begriffen »Experten« *(fang-shih)* und »Schamanen« *(wu)* bezeichnet. Im Kapitel über die Feng- und Shan-Opfer berichtet das *Shih-chi* zum Beispiel über einen Minister der Chou-Herrschaft, Ch'ang Hung, der sich auf exorzistische »Methoden« verstand. Es heißt, dass Ch'ang Hung sie einsetzte, um König Ling (571-544 v. Chr.) zu dienen. Damals, als die Feudalherren glaubten, nicht mehr dem Hof der Chou ihre Aufwartung machen zu müssen, begann die Macht der Chou zu verfallen. Ch'ang Hung, der über exklusives Wissen um Geister und Gottheiten verfügt haben soll, suchte das Glück zu zwingen. Er hängte den Kopf einer Wildkatze auf und schoss auf ihn. Der Katzenkopf repräsentierte das Fehlverhalten der Feudalherren. Ch'angs Bemühungen waren jedoch vergeblich, und so fand er schließlich ein unrühmliches Ende.[43]

Dämonenzwang als exorzistische Methode wird von Ch'ang Hung durch die Zerstörung eines materiellen Objektes, eines Substituts, verwirklicht. Derartige Verfahrensweisen haben sich auch im viel späteren religiösen Taoismus gehalten und waren populär.[44]

Es sei sogleich bemerkt, dass Methoden dieser Art nicht Wesen und Essenz des religiösen Taoismus ausmachen, geschweige denn seine Ziele und Inhalte. Exorzistische Methoden sind in China individuelle praktische Möglichkeiten von immenser Vielfalt. Es zeichnet den religiösen Taoismus aus, dass er sie im Ritual sublimiert und ihnen daneben aber auch, offen, einen weiten Entfaltungsraum gewährt. In vielen Fällen können also Mittel und Methoden auf die Schamanen und Experten eben jener frühen Epochen vor der Zeitenwende zurückgeführt werden.[45]

Die Kenner solcher Methoden *(fang-shih)* verfügten über mannigfaltige magische Rezepte und Techniken, ohne dass wir für sie eine einfache und exklusive Definition oder Beschreibung geben könnten.[46]

In offiziellen Quellen werden die *fang-shih* eher abschätzig, negativ betrachtet. Dies mag vielleicht mit dem Usurpator der Macht der Han-Dynastie, Wang Mang, zusammenhängen, der in der Art eines Interregnums zwischen der Westlichen und der Östlichen Han-Dynastie (9-23 n. Chr.) seine Hsin-Dynastie eingerichtet hatte. Dies fand nicht die Billigung der chinesischen Historiographen.[47] Wang Mang war ein Anhänger der Techniken der *fang-shih*, womit die offene Ablehnung »magischer« Techniken nach der Restauration der Han u.a. begründet werden mag.

Der Begriff *»fang«* ist schwer zu definieren, obgleich er in klassischen Quellen wie in den Büchern der »Dokumente« *(Shu-ching)* und der »Lieder« *(Shi-ching)* Erwähnung findet. Seine zugleich rituellen wie bürokratischen, administrativen Bedeutungen lassen sich an den »Riten der Cou« *(Chou-li)* zeigen.[48] Im *Chou-li* ist der *fang-shih* ein beamteter Berichterstatter auf lokaler Ebene. Er fungiert in der Justiz als Schlichter und berichtet der Zentraladministration aus allen Ecken des Reiches.[49]

In einem anderen Abschnitt dieses Buches wird von sechs Typen von *fang-shih* gesprochen, die als erblich und an Klane gebunden beschrieben werden.[50] Zu ihren Funktionen gehörte etwa die Kontrolle von Reisenden und die Überprüfung der Lieferungen von Tributen im Reich. Sie berichteten über administrative, soziale und kulturelle Aktivitäten, überwachten den Zustand der Straßen und Wege sowie die Modalitäten des Handels. Sie regelten Grenzfragen, sorgten sich um gute zwischenstaatliche Kontakte. Sie alle wurden von einem Fang-shih-Direktor beaufsichtigt, der auch die geographischen Karten des Reiches kontrollierte.[51] Ob nun diese beamteten *fang-shih* des *Chou-li* tatsächlich zu den Vorläufern der späteren »magischen«

Experten zu rechnen sind, scheint zumindest fraglich, wenn auch eine Verbindung allein schon durch das Wort *»fang«* (»vier Ecken«, »entfernt liegend«) nahe liegt.

Im selben Kapitel des *Chou-li* findet sich aber auch die Bezeichnung »Doppelgesichtige *fang-shi*« *(fang-hsiang shih)*.[52] Diese Personen waren Exorzisten, die Seuchen aus Häusern und Gräbern verjagten, sich dazu mit Bärenpelzen und Masken verkleideten, mit Lanze und Schild tanzten. Als Exorzisten waren sie Repräsentanten der Dämonen. Es scheint kaum möglich zu sein zu sagen, ob oder wieweit diese beiden Gruppen von *fang-shih* miteinander verbunden waren. In der Westlichen Han-Zeit waren beide zusammen am Hof von Kaiser Han Wu-ti (141-87 v. Chr.) tätig.[53]

Es lassen sich in frühen Quellen viele Komposita mit dem Element *»fang«* nachweisen, so *»yu-fang«* (»mit Geschick«), *»fang-shu«* (»Kunstfertigkeit«), *»fang-chi«* (»Techniken«). Generell gilt, dass der Begriff »Kunstfertigkeiten« *(fang-shu)* sich in der Ch'in- und Han-Zeit auf politische Strategien und Wissenschaften beziehen konnte, die von wandernden und ungebundenen Spezialisten vertreten wurden.[54] So beschreibt denn der Großhistoriker die »Strategen« *(fang-lüeh che)* am Hof von König An in Huai-nan mit folgenden Worten: »Sie fabrizierten willkürlich Erzählungen, um dem König zu schmeicheln.« Allerdings findet sich hier auch eine weitere Einengung des Begriffs. *Fang-shih* bezeichnet Personen, die von außen an den Hof kamen, nicht in den »fünf klassischen Schriften« *(wu-ching)* versiert waren, dafür aber über Methoden und Techniken verfügten und sich durch diese auszeichneten.[55]

Im bibliographischen Traktat *Ch'i-lüeh* (6 v. Chr.) von Liu Hsin, der wesentlich noch im »Buch der Han« *(Han-shu)* vorliegt, wird der Terminus *»fang-chi«* verwendet, um drei Typen pharmazeutischer Technologie zu beschreiben: die klassische

Pharmakopöe, sexuelle Techniken und Unsterblichkeitspraktiken.[56] Dies sind die drei großen und höchst gewichtigen Bereiche des Wissens der *fang-shih* am Hof des Han Wu-ti, von denen der Großhistoriker sagt, dass sie von den Küstenregionen (Shantung) gekommen seien. Andere Quellen sprechen von Chekiang, Fukien und Szechwan als Herkunftsgebieten. Offenkundig kamen sie nicht von den großen zentralen Familien oder Orten, sondern hatten sich ihre Anerkennung vor allem auf lokaler Ebene erworben, aufgrund ihres Könnens in den genannten Bereichen.

Ein weiteres wichtiges, signifikantes Betätigungsfeld ist die Weissagung, wobei insbesondere Parallelen zwischen den Himmelssphären und der Menschenwelt gesucht bzw. gedeutet werden.[57] Es handelt sich um Ausdeutungen von Korrespondenzverhältnissen zwischen dem Makrokosmos von Himmel und Erde und dem Mikrokosmos Mensch. In diesem Kontext kann natürlich das Wort *»fang«* durchaus eine geographische Konnotation annehmen. Andererseits könnte *»fang«* im Sinne von »viereckig« vielleicht auch auf Dokumente verweisen.[58] Die pharmakologischen Kenntnisse waren in Schriften und Rezepten dokumentiert, verbunden mit magischem Wissen eigener Art: über Amulette, Gebetsformeln und emblematische Diagramme, die allesamt den äußeren Mitteln erst ihre magische Wirksamkeit gaben.

Im Wesentlichen waren die *fang-shih* an den physischen Aspekten des menschlichen Lebens, seiner Pflege und Verlängerung, interessiert. Damit waren sie in der Sphäre des Hofes etwas abgesetzt von der konfuzianischen literarischen Elite, mit der sie früher vielleicht verbunden waren.

Almanache, Weissagungsmanuale und Hagiographien verweisen immer wieder auf die alten Praktiken der Traumdeutung, der Weissagung nach Wettererscheinungen, sodann auf physiologische Methoden wie die »embryonale Atemtechnik«. Dies sind allesamt praktische Elemente einer Kultur, die mit den antiken Experten oder Praktikern, den *fang-shih*, identifiziert werden, die andererseits aber auch von den späteren Trägern des religiösen Taoismus, den »Meistern des Tao« *(tao-shih)*, weitergeführt werden.

Die *fang-shih* wie die späteren *tao-shih* sind zwischen den Welten des Volkes und der literarischen, staatstragenden Elite verortet. Agierend zwischen den Machtzentralen und den peripheren Gebieten Chinas, sind sie eine nur unscharf definierbare Gruppe. Sie bezeichnen sich selbst als »Menschen, die Tao haben« *(tao-jen)*, niemals als *fang-shih*.[59]

Tao bezeichnet die rechte Methode und die wahre Kenntnis, die eben jene Vermittlertätigkeit zwischen der Menschenwelt und den transzendenten Sphären verwirklicht.

Ein Überblick über die praktischen Möglichkeiten, die mit den *fang-shih* assoziiert werden, zeigt diejenigen Kenntnisse und Motive sowie implizit das umfassende Weltverständnis, die auch den religiösen Taoismus später auszeichnen. Von diesen Möglichkeiten bzw. Methoden seien einige genannt: 1. Weissagung aufgrund symbolischer Zahlenmodelle sowie durch Astronomie und Kalenderkalkulationen, 2. Deutung der Physiognomie / Interpretation anderer physischer Phänomene, 3. Kontrolle und Beseitigung von Dämonen, 4. Atemtechniken zum Zwecke der Langlebigkeit sowie Diätetik, i.e. Absetzen von Getreidespeisen, bis zum vollkommenen Verzicht auf jegliche Nahrung, 5. andere Techniken mit dem Ziel der Langlebigkeit, der Wiedergeburt und Wiederentstehung, 6. Heilung durch Exorzismen, 7. Kontakt mit den Gottheiten und ihre Kontrolle.[60]

Alle diese Elemente sind von einem spezifischen Verständnis der Welt und der menschlichen Möglichkeiten der Mitgestaltung getragen. Das große Vorbild sind Himmel und Erde, die in ihrer

Ewigkeit als Makrokosmos das Lebenspotenzial des Menschen (Mikrokosmos) enthalten. Das Streben nach Einswerdung mit diesem Potenzial stellt einen ganz wichtigen Aspekt für die Kultur des Taoisten dar.[61]

Eine weitere wichtige Komponente für die Vorgeschichte des religiösen Taoismus sind die schon genannten Schamanen *(wu)*. Zur Shang-Zeit (1766 - 1122 v. Chr.) fungierten sie als Träger des kultischen Lebens, verbunden mit dem Ahnenkult der Herrscherfamilie. Sie hielten den Kontakt der Lebenden mit den Toten aufrecht, was ihre professionelle Motivation und Legitimation ausmachte. Der Shang-König selbst konnte die Funktion eines Schamanen *(wu)* ausüben, wenn er z.B. um Regen tanzte, Jahrhunderte später ein den Taoisten vertrautes Verfahren.[62] Es bestand die Ansicht, dass das Wetter vom Verhalten des Herrschers abhängig sei bzw. über die Qualität der Herrschertätigkeit Auskunft geben konnte.

Während der Chou-Zeit wird der Ahnenkult zunehmend zu einer Angelegenheit der bildungstragenden Schicht, was eine Versachlichung und Entfernung schamanistischer Praktiken bedeutete, dem Einfluss konfuzianischer Konzepte folgend. Als gesichert gilt, dass die schamanistische Kultur auf der Ebene des einfachen Volkes verblieb und auch bei den nichtchinesischen Ethnien im chinesischen Siedlungsraum weiter fortbestand.

Im Wörterbuch *Shuo-wen chieh-tzu*[63] des Hsü Shen (30 - 124 n. Chr.) heißt es: »*Wu* meint ›anrufen‹. Weibliche Personen können dem Unsichtbaren dienen, indem sie durch Tanzen die Geister herabkommen lassen.« Das männliche Pendant *»chi«* könne in würdig-asketischer Form den »Göttlich Strahlenden« *(shen-ming)*, das sind abstrakte Gottheiten, dienen. Was bei Männern *»chi«* genannt werde, heiße bei Frauen also *»wu«*.[64] Dies impliziert für die betreffende Person die magische Potenz, spirituelle Kräfte zu transferieren oder zu exteriorisieren.

Die Etymologie des chinesischen Schriftzeichens für »magische Macht« *(ling)* zeigt unter dem Symbol für »Regen« drei Münder, was für »sprechen« oder »beschwören« stehen mag, vielleicht aber auch nur eine Schreibvariante für »Regentropfen« darstellt, gewissermaßen in Fortsetzung des Zeichens »Regen« darüber. Darunter jedenfalls findet sich das Zeichen »Schamane« *(wu)*. Damit ist eine wesentliche Aufgabe für den Schamanen bezeichnet, nämlich die Erzeugung von Regen, unabdingbar für eine Agrargesellschaft.

Die *wu* pflegten die Geister, die sie kontaktierten, verkleidet nachzuahmen, um mit ihnen auch äußerlich identisch zu werden. Der persönliche Kontakt mit Gottheiten und Geistern war wohl die eigentliche, zentrale Funktion der *wu*. Solche Personen sollen oftmals eine charismatische Ausstrahlungskraft gehabt haben, und so verwundert es nicht, dass sie im Volk große Gruppierungen oder Gefolgschaften um sich scharen konnten. Diese Gruppierungen bildeten ein Gegengewicht zur angestrebten Konzentration der religiösen Macht durch den regierenden Klan mit seinem Ahnen- und Staatskult.[65]

Waren die zuerst genannten *fang-shih* mit eigenem Wissen, mit Büchern und schriftlichen Dokumenten, ausgestattet, so stand offenbar bei den *wu* das spirituelle, magische Moment im Vordergrund. Eine besondere Methode der *wu* war es, Berge zu besteigen, wozu der Berg T'ai-shan in der Provinz Shantung als berühmtes Beispiel genannt sei, um dort oben mit den Gottheiten zu kommunizieren. Die Parallelen zu den Feng- und Shan-Opfern der chinesischen Kaiser, zur Tendenz der späteren Taoisten, ihre religiösen Aktivitäten mit Bergen zu verbinden, sind evident. Der Aufstieg der *wu* auf Berge, sei es, um Seelen Verstorbener zurückzurufen, sei es, um mit den Gottheiten zu kommunizieren, wird im Taoismus später zur magischen, spirituellen Reise zu den Paradiesen und Himmeln der Unsterblichen, die vorzugsweise in oder hinter entlegenen Bergregionen mit ihren Höhlendurchgängen angenommen wurden.[66]

Die von den *fang-shih* wie von den *wu* vertretenen praktischen Methoden und Kenntnisse (z.B. Medizin/Pharmazie, Prognostik und Exorzismus/Rituale) sind Elemente, die den Begründern des religiösen Taoismus im 2. Jahrhundert zur Verfügung standen und umfassend inkorporiert wurden. Die Weiterentwicklung dieses Erbes in einer literarischen Sublimierung und praktischen Selektion bedeutet einen wesentlichen Teil der Geschichte des religiösen Taoismus.

Das Ideal der »Bewegung Universalharmonie« *(t'ai-p'ing)* in der Han-Zeit

Mit den »Gelben Turbanen« *(Huang-chin)*, die sich dem Ideal der »Universalharmonie« *(t'ai-p'ing)* verschrieben hatten, tritt in der chinesischen Geschichte eine religiös und politisch motivierte Bewegung in Erscheinung, die dem Taoismus zugerechnet wird.[67] Im Jahr 184 n. Chr., unter der Östlichen Han-Dynastie, inszenierten die »Gelben Turbane« im nordöstlichen China einen großen, aber erfolglosen Aufstand. Mit ihrer Grundschrift, dem »Buch von der Universalharmonie« *(T'ai-p'ing ching)* gehören sie zum historischen Beginn des religiösen Taoismus.[68] Zunächst ist anzusprechen, warum diese Bewegung entstand, was sie wollte und weshalb sie dem religiösen Taoismus zuzurechnen ist.

Die innenpolitische Lage der Östlichen Han-Dynastie hatte sich etwa seit 80 n. Chr. permanent verschlechtert. Die Großgrundbesitzer bildeten Gruppierungen, deren Machtkämpfe sich ausweiteten. Am Kaiserhof, der sich zunehmend verschwenderisch gab, standen Cliquen von Eunuchen, gemeinsam mit den vielen Frauen und Nebenfrauen des Kaisers, den Gruppierungen der Literatenbeamten gegenüber, die ihrerseits die lokalen Verwaltungen hinter sich wussten.

Die in den Provinzen verankerten Gruppen waren die stärkeren, und so hatten die Geschehnisse am Hof seit 150 n. Chr. relativ geringe Bedeutung. Die wichtigste Rolle spielten die Generäle der Provinztruppen, von denen berühmte Namen wie Lü Pu, Liu Pei und Ts'ao Ts'ao genannt seien. Deren Kämpfe untereinander hatten das Ziel, die Macht über den Kaiser zu erringen, um durch Übergabe des kaiserlichen Siegels als neuer Kaiser *rechtmäßig* eingesetzt zu werden und so das »Mandat« für eine neue Dynastie zu erhalten. Ts'ao Ts'ao sicherte sich schließlich mithilfe der fremdvölkischen Hsiung-nu die Vormacht. Nach seinem Tod zwang sein Sohn Ts'ao P'i den letzten Kaiser der Han-Dynastie zur Abdankung und begründete die neue Wei-Dynastie (220-264 n. Chr.). China verlor einen Teil seines Territoriums an die Hsiung-nu.[69]

Diese Ereignisse verschärften die Not der Landbevölkerung, was letztlich mit der T'ai-p'ing-Bewegung eine Volksbewegung mit visionären Vorstellungen zeitigte. Sie entstand an der Küste von Shantung, wo sie vom einfachen Volk, von Bauern und Priestern getragen wurde. Diese Priester waren nicht identisch mit den Vertretern der offiziellen Religion, den Literatenbeamten. Letztere verwalteten in Städten und Dörfern die Tempel für die Bodengötter sowie die Götter der Feldfrüchte und vollzogen die offiziellen Opfer. Es bestand die Tendenz »von oben«, ältere Volkstempel entweder zu beseitigen oder sie in Stätten der offiziellen Religion umzuwandeln. Die Bauern freilich empfanden die Priester der eigenen, lokalen Kulte als ihre natürlichen Führer im Kampf gegen diese Umwidmungen und diese Form der Unterdrückung.[70] Es sei angemerkt, dass die unter solchen Bedingungen entstandene Bewegung der »Gelben Turbane« von einer gemeinsamen Truppe der sonst verfeindeten Generäle geschlagen werden konnte, was die große Angst belegt, die jene Bewegung verursachte.

Klar ist jedenfalls, dass es einen konkreten politischen Hintergrund für diese Volksbewegung gab, die dem Machtverständnis und der Legitimation des regierenden Herrscherhauses der Östlichen Han-Dynastie ebenso entgegenstand wie den Zielen der lokalen Militärmachthaber. Eine neue Herrschaft, die unter moralischen Prämissen das Ideal der »Universalharmonie« *(t'ai-p'ing)* verwirklichen würde, wurde durch diese Bewegung vertreten. *T'ai-p'ing* war als neuer individueller, gesellschaftlicher und kosmischer Gesamtzustand gedacht, in dem die Widrigkeiten der gegenwärtigen Situation beseitigt sein würden. Der Aufstand der »Gelben Turbane« begann, als die Unmöglichkeit deutlich wurde, dieses Ideal mithilfe des regierenden Hauses zu erreichen, was die verschiedenen Zurückweisungen der T'ai-p'ing-Schriften durch die zentrale Administration verdeutlichten. Um die Aussagen und Inhalte dieser Bewegung kennen zu lernen, ist es sinnvoll, sich dem Buch *T'ai-p'ing ching* zuzuwenden.

Seine Exponenten und Befürworter werden den Experten *(fang-shih)* zugerechnet, von denen wir bereits gesprochen haben.[71] In seiner heutigen Form stammt dieses Buch, das im »Taoistischen Kanon« aus der Ming-Zeit (15./16. Jahrhundert) enthalten ist, wohl aus dem 6. Jahrhundert n. Chr. Die Textgeschichte ist kompliziert. Von den ursprünglich 170 Kapiteln (»Rollen«) ist nur noch knapp ein Drittel erhalten, dessen Verhältnis zum Text der Han-Zeit nicht vollkommen aufzuklären ist, zumal es einen langen Vorlauf für das *T'ai-p'ing ching* gibt, und zwar in der Form älterer verwandter Titel.[72]

Kaiser Ch'eng, der von 32 bis 7 v. Chr. regierte, erhielt durch einen gewissen Kan Chung-k'o ein Buch mit dem Titel *T'ien-*

kuan li pao-yüan t'ai-p'ing ching (12 Kapitel) zugespielt.[73] In ihm stand geschrieben, dass die Han-Dynastie am Ende eines Zeitzyklus stehe und das Mandat zur Herrschaft rasch erneuert würde. Der Himmel habe einen Vollkommenen namens Ch'ih-ching tzu (»Meister der roten Essenzen«) delegiert, um das »Tao der Universalharmonie« zu enthüllen.

Unter Kaiser Shun, der von 126 bis 145 n. Chr. an der Macht war, wurde ein anderes Buch präsentiert, das *T'ai-p'ing ch'ing-ling shu*, das ein Kung Ch'ung von Kan Chi (oder Yü Chi) aus Shantung erhalten haben wollte. Es ist wohl dieses Buch, das später von Chang Chüeh, dem Führer der »Gelben Turbane«, im Sinne des »Tao der Universalharmonie« genutzt werden sollte.[74] Dieses Buch soll die Achtung vor Himmel und Erde und die Übereinstimmung mit den »Fünf Elementen« *(wu-hsing)* vertreten haben. Schließlich soll es noch ein anderes Buch, *T'ai-p'ing tung-chi ching*, gegeben haben, das dem Himmelsmeister von T'ai-shang Lao-chün (Lao-tzu) übermittelt worden sei.[75]

Erste Grundannahme im *T'ai-p'ing ching* ist die ideale Herrschaft der »Herrscher der Universalharmonie«, die in der Epoche der entfernten Antike regierten und die »vitale Lebenskraft der Universalharmonie« *(t'ai-p'ing chih ch'i)* kannten. Als diese Lebenskraft durch die ideale Herrschaft wirkte, litt kein Wesen Not, und alles war am rechten Ort. Wenn auch nur ein Wesen Not leide, so sei dies nicht mehr *T'ai-p'ing*, berichtet das *T'ai-p'ing ching*.[76] Jene antiken Herrscher seien zufrieden gewesen, wenn die drei menschlichen Grundbedürfnisse befriedigt worden seien, nämlich Essen, Kleidung und die Vereinigung der Geschlechter. Der Herrscher regierte durch Nicht-Handeln *(wu-wei)*.[77] Allmählich sei die Regierung aber durch die Aktivitäten der Herrscher immer komplizierter geworden, was zur Dekadenz der Herrschaft führte, erkennbar am Auftreten von Lehren und Doktrinen.

Es gehe darum, *T'ai-p'ing* als einen angestrebten Zustand für die unmittelbare Zukunft zu begreifen, was nun dank der Offenbarung des *T'ai-p'ing ching* möglich sei.[78] Die Menschen müssten hierzu ihre Gedanken wieder zu den wahren Grundlagen zurückwenden, nämlich zur »ursprünglichen Lebenskraft« *(yüan-ch'i)*.[79]

Dieses Grundelement sei im Inneren eines jeden Menschen enthalten. Um dieses wieder zu entdecken, sei es nötig, sich zu konzentrieren und »das Eine zu bewahren« *(shou-i)*.[80] Es stellt sich dabei die Frage, wie man jene spirituellen Kräfte *(shen)*, welche die Summe, die Funktionen und Repräsentanten der »ursprünglichen Lebenskraft« sind, wieder in das eigene Innere zurückführen kann, aus dem sie verloren wurden.[81]

Es muss im Rahmen von Staat und Gesellschaft durch den Herrscher eine Situation geschaffen werden, die es dem *yüan-ch'i* erlaubt, sich wieder auszubreiten. Eine Schlüsselfunktion haben dabei eben diejenigen Schriften, die die »Himmelsmeister« enthüllen und dem tugendhaften Herrscher nahe bringen. In ihnen finden sich die nötigen Anweisungen und Methoden – und dies genau ist der Anspruch, den das *T'ai-p'ing ching* bzw. seine Vorläufer erhoben haben.[82]

Die drei Gesellschaftsschichten, Herrscher, Minister und Volk, müssten sich also in einer harmonischen Beziehung befinden. Die diesen drei Gruppen entsprechenden Wirkkräfte »Höchstes Yin« *(t'ai-yin)*, »Höchstes Yang« *(t'ai-yang)* und die »Zentrale Harmonie« *(chung-ho)* bilden die »Größte Harmonie« *(t'ai-ho)*, aus der der »Odem der Universalharmonie« *(t'ai-p'ing chih ch'i)* hervorgehe.[83]

Als Vorbild zivilisiert der Herrscher alle Menschen durch die Einwirkungen seines persönlichen Tao mit seiner »Wirkkraft« *Te*. Das Volk weiß von ihm eigentlich nichts, spürt ihn gewissermaßen auch nicht, denn es folgt seinem Tao, nicht etwa oktroyierten Strafen und Gesetzen. So sei das in der ältesten Antike *(shang-ku)* gewesen. In der sich anschließenden Epoche *(chung-ku)* folgten die Menschen dem *Te* des Herrschers, in der »unteren« Epoche *(hsia-ku)* dann der »Menschlichkeit« *(jen)*. Unter den »chaotischen Herrschern« *(luan-chün)* folgten die Menschen dem »Zeremonial« *(wen)*, unter den »grausamen« *(hsiung-pai chih chün)* den »Strafen und Gesetzen«. Die Sicht der Gegenwart ist damit deutlich.[84]

Das *T'ai-p'ing ching* ist ein religiöses Buch, das Rettung lehrt und dabei zwei miteinander verbundene Aspekte hervorhebt: 1. die Ebene von Moral und Politik in der Staatsführung, 2. die individuelle Kultur der spirituellen, religiösen Meditation sowie die damit verbundenen Methoden der »Langlebigkeit«.

Speziell dieser zweite Aspekt ist es, der in China wie in der Wissenschaft allgemein mit dem Taoismus identifiziert wird. Es ist verständlich, dass Versuche gemacht wurden, diese Methoden den Kaisern der Han-Dynastie nahe zu bringen, eine Aufgabe, die sich dem »Himmelsmeister« *(t'ien-shih)* stellt, der als »göttlicher Mensch« vom Himmel entsandt ist, um die Menschen mittels »himmlischer Schriften« zu retten. Sie lehren, wie die Menschen zur idealen Herrschaftsform zurückfinden können, was bei Erfolg die Rückkehr der Universalharmonie *(t'ai-p'ing)* bedeutet.

Himmel und Erde sprechen zu den Menschen durch die periodisch auftretenden Gestalten von »Heiligen« *(sheng-jen)* oder »Heiligen Meistern« *(sheng-shih)*, welche die richtige Lehre vermitteln. Ihre Schüler, die »Vollkommenen« *(chen-jen)*, selbst vom Himmel inspiriert, befragen diese heiligen Meister. Es gab also viele Offenbarungen wie das *T'ai-p'ing ching*, das gemäß der auf den Autor des *Tao-te ching* ausgerichteten Tradition Lao-tzu als Gottheit T'ai-shang Lao-chün an Kan Chi übergeben haben soll.[85]

Ein solcher geoffenbarter Text hat den Charakter einer Talisman-Schrift. Er enthält Gebetsformeln, mit denen Krankheiten geheilt werden können. Er zeigt sich in seinem Kern als mit himmlischen Zeichen verschlüsselt und ist daher für den nicht Initiierten unleserlich.[86] Es sei bemerkt, dass die magische Krankenheilung vermutlich ein ganz wesentlicher Inhalt dieser Bewegung war, der sie für die Landbevölkerung attraktiv machte.[87]

Der Bestand solcher »guter« Schriften schien damals unklar zu sein, und daher war es nötig, dass der Himmel den »Himmelsmeister« entsandte, um die »himmlischen, irdischen und menschlichen« Schriften zu sammeln und zu exzerpieren.[88] Der »Himmelsmeister« musste also die heiligen Texte sammeln, wozu etwa symbolische Darstellungen zählen *(Ho-t'u, Lo-shu)*, aber auch Äußerungen des Volkes.[89] Im Bereich der T'ai-p'ing-Bewegung wurden entsprechende Textsammelstellen (T'ai-p'ing chih chai) angelegt. Vom Herrscher bis zum Volk sollen alle die guten Schriften sammeln. Die gute und geoffenbarte Schrift hat eine herausragende Stellung.

Von Anfang an kann der religiöse Taoismus also als *Schriftreligion* charakterisiert werden, wodurch wesentlich orale Traditionen, wie der Schamanismus der *wu* und der *chi*, eine klare Unterordnung erfahren, später folgen vielfach Verdrängung und sogar Eliminierung. Dies impliziert eine dominante Rolle für den Literaten gegenüber dem Schriftunkundigen.

Der religiöse Aspekt des *T'ai-p'ing ching* wird auch am Titel *San-tao hsing shu* (»Buch zur Wirkung von Tao in den drei Bereichen«) deutlich, der im *T'ai-p'ing ching* erwähnt wird. Das *San-tao hsing shu* bezeichnet Register – die von den himmlischen Kräften geführt werden – über diejenigen Menschen, die sich schlecht verhalten, z.B. töten. Es geht um einen moralischen Kodex, der dem tugendhaften Herrscher zur Bekanntmachung im Reich nahe gebracht werden soll.[90]

Die alles bestimmenden drei Realitätssphären sind Himmel, Erde und Mensch. Zwischen ihnen muss eine Kommunikation bestehen, da sie *eine* Entität bilden.[91] Das bedeutet, dass das kosmische *yin* und *yang* sowie deren Harmonie sich wechselseitig bedingen und miteinander kommunizieren. Die verschiedenen Sphären der Wirklichkeit, die kosmischen Urkräfte *yin*, *yang* und *chung-ho*; Himmel, Erde und Mensch; Sonne, Mond und Sterne; Berge, Flüsse und Ebenen; Vater, Mutter und Sohn; Herrscher, Minister und Volk; Tao, Wirkkraft und Menschlichkeit *(tao, te, jen)* sollen alle in harmonischer Kommunikation stehen. Herrscher, Minister und Volk bilden im Idealfall eine harmonische Familie.[92] Da dieser Austausch der energetischen Lebenskräfte zwischen den drei Ebenen »heute« nicht gut funktionieren würde, sei kaum an die Erlangung von *t'ai-p'ing* zu denken.[93]

Als negatives Verhalten im moralischen und religiösen Bereich lassen sich u.a. folgende Praktiken benennen, die dem Konzept der angestrebten kosmischen Harmonie und der Zirkulation der Lebenskräfte im Kosmos wie auch in der Menschenwelt entgegenstehen: Negativ wirke, wer Tao »anhäuft« und es für sich behalte, nichts zur Rettung anderer beibringe. Dadurch werde das »himmlische Tao des Lebens« unterbrochen. Schlecht sei es auch, *Te* anzuhäufen und es nicht anderen zu vermitteln, um das Lebensprinzip zu unterstützen. Es sei verwerflich, Reichtum anzuhäufen und nicht den Armen zu helfen. Die Güter müssten zirkulieren, sodass jeder bekomme, was er brauche. Andernfalls würde die »Zentrale Harmonie« gestört. Wer das »himmlische Tao« zwar kenne, aber es verachte, der mache einen schweren Fehler. Dies bedeute nämlich, dass kein Weg gesucht werde, um das lange Leben zu erhalten, was Verachtung für den von den Ahnen erhaltenen Leib bedeute. Wer wisse, dass es gut sei, Tao zu praktizieren, sich aber nicht darum bemühe, der handle in Selbstverachtung. Wer selbst gut ausgestattet als Parasit müßig lebe, der begehe eine schwere Verfehlung. Himmel und Erde erzeugten die Reichtümer für die Menschen, die davon nach Kraft und Bedarf nehmen sollten.[94]

Das Weltbild wird von der harmonischen Zirkulation aller spirituellen, physiologischen, materiellen und wirtschaftlichen Dinge bestimmt. Das Ideal des langen Lebens ist verbunden mit dem der großen Gerechtigkeit. Nur im Zustand *T'ai-p'ing* leben die Menschen bis zu hohem Alter, können sie »Langlebigkeit« erreichen.

Das erste Rezept hierfür ist ein moralisches Leben, sparsames Essen und die Beachtung der »Regeln der Purifikation« *(chai-chieh)*.[95]

Als zweites Rezept kann die Meditation über »das Eine« *(shou-i)* genannt werden. Der Praktiker visualisiert farbiges Licht (rot, weiß, grün). Eine vollkommene innerliche Erhellung eliminiere alle Krankheiten, die das Ergebnis von Sünde seien. Meditation und Reflexion über die eigenen Fehler gehen Hand in Hand. Eine bestimmte Meditation richte sich auch auf die Bildnisse der Gottheiten der inneren Organe, die in Menschengestalt erscheinen würden, gekleidet in den Farben, die das jeweilige Organ spezifizierten.[96]

Als drittes Rezept ist die Hygiene anzuführen. Man soll mäßig essen, bis schließlich nur noch unkörperliche Essenzen aufgenommen würden, das Tao erlangt sei und »von Luft gelebt« werden könne. Getreidespeisen seien auszuschließen. All dies werde von Atemtechniken bzw. Atemübungen begleitet. Der Praktiker solle die neun Körperöffnungen schließen, den Leib entspannen und sich in den Urzustand zurückversetzen. Es erfolge die innere Zirkulation des Odems in einem geschlossenen Kreislauf, identisch mit dem Embryo im Leib der Mutter *(t'ai-hsi)*. So ruhe der Praktiker, wie ein Embryo im Mutterleib, im inneren »Odem der [eigenen] Wesenheit« *(tzu-jan chih ch'i)*. Indem auf diese Weise die Lebenskräfte innerlich »genährt«

würden, kehre der Betreffende zum Zustand »Kleinkind« zurück.[97]

Als viertes Rezept seien die Medizinen genannt. Im Himmel gebe es unendlich viele Medizinen, die für den würdigen Herrscher auf die Erde herabkämen, aber in ihrer Eröffnung und Wirkung nur abgestuft zugänglich seien.

Diese Aspekte, wie aber auch die voranstehend genannten, können im *T'ai-p'ing ching* belegt werden. Sie waren mit Sicherheit über den Kreis der Anhänger der T'ai-p'ing-Bewegung hinaus bekannt, vielleicht im Sinne ganz allgemeiner Vorstellungen. Es mag sein, dass sie im *T'ai-p'ing ching* eine Zusammenfassung und gezielte Propagierung erfuhren, denn nach dem Ende der T'ai-p'ing-Bewegung, deren Kämpfer sich durch gelbe Turbane identifizierten, blieben die vorgestellten Inhalte bzw. Lehren erhalten und wirkten weiter, und zwar in herausragender und spezifischer Weise im religiösen Taoismus bis heute, in unsere Zeit. Zunächst wollen wir aber zu den Bedingungen für die Formierung dieser Bewegung in der Östlichen Han-Zeit zurückkehren und ihre Struktur ansprechen.

Das *T'ai-p'ing ching* geht, wie schon gesagt, von Zeitzyklen aus, deren jeweiliges Ende einen Weltuntergang darstellt. Diese Katastrophen werden von politischen Wirren, Kriegen und Missernten angekündigt, alles Ereignisse, die in der Han-Zeit verschiedentlich auftraten. So berichtete schon jene Schrift, die Kaiser Ch'eng-ti (Regierungszeit: 32-7 v. Chr.) übergeben wurde, dass die Han am Ende eines Zeitzyklus stünden. Die unter diesen Umständen eintretenden Katastrophen sollten nur von einer kleinen Schar Auserwählter, dem »Saatvolk« *(chung-min)*, überlebt werden. Das *T'ai-p'ing ching* zeigt, wie man zu dieser auserwählten Schar stoßen kann.[98] Es handle sich um Menschen, die aufgrund ihrer Selbstkultivierung unsterblich geworden seien und »Langlebigkeit« erlangt hätten. Führer dieser »Saatmenschen« sei die Gottheit »Späterer Heiliger und göttlicher Herrscher der Neun Himmel aus den Gold-Palästen des Himmels der Obersten Reinheit«. Diese Gottheit trage den weltlichen Zunamen Li.[99]

Dieser »Herr des Langen Lebens« werde im Alter von 67 Jahren in den Hallen des Himmels der Obersten Reinheit zum »Später geborenen Gottkaiser« *(Hou-sheng ti-chün)* berufen. Von ihm gehe die Offenbarung des *T'ai-p'ing ching* aus. Wer diese Schrift befolge, der stoße zur Schar der Saatmenschen.[100]

Diese Gottheit würde zu einem bestimmten Zeitpunkt in der Welt erscheinen und die Guten als Saatmenschen annehmen. Unschwer ist der messianische Ansatz zu erkennen, der sich später in den Traditionen um Lao-tzu (T'ai-shang Lao-chün) fortsetzen sollte. Auch ist deutlich, dass es Hierarchien unter den Menschen gibt, die den Rang ihrer Perfektion widerspiegeln.

Als historischer Führer der »Gelben Turbane« ist Chang Chüeh zu nennen.[101] Als Heilkünstler verstand er es, die Furcht der Menschen vor Epidemien zu nutzen.[102] Es wurde auch die Heilkraft geschriebener Zeichen suggeriert, die »eingenommen« werden konnten. Die Schriftzeichen stehen in einer Reihe mit den Himmelsschriften, den Offenbarungen der Heiligen. Bei diesen heilkräftigen Zeichen geht es um jene, welche die gesunde Ordnung der kosmischen Kräfte (Himmel, Erde, Yin, Yang, Fünf Elemente, Mensch) darstellen. Wahrscheinlich sind damit die im *T'ai-p'ing ching* gegebenen zentralen Amulettzeichen gemeint.[103]

Chang Chüeh übertrug sein Amt als Heiler an 36 Bevollmächtigte, denen jeweils noch ein »Kommandeur« zur Seite gestellt war. Hier zeigt sich der Grundstock für eine gestufte Organisation. Chang Chüeh teilte sich die Führung mit seinen zwei Brüdern. Die Führung der Bewegung bestand also aus dem »General des Himmels« (Chang Chüeh), dem »General der

Erde« und dem »General der Menschen«, was die militärische Ordnung begründete.

Viele Details der Organisation sind nicht bekannt, war die Bewegung doch relativ kurzlebig. Dennoch sind das *T'ai-p'ing ching* und sein Ideal der Selbstkultivierung und Läuterung des Individuums, das Konzept der Heilung durch religiös konzipierte Mittel sowie das Ideal des zukünftig erscheinenden göttlichen Retters namens Li im religiösen Taoismus der späteren Epochen erhalten geblieben. Für diese späteren Epochen wurde eine Bewegung maßgeblich, die etwa zur gleichen Zeit in der fernen Provinz Szechwan entstand, ebenfalls unter der Führung eines Chang. Dies war gemäß den späteren taoistischen Traditionen Chang Ling (Chang Tao-ling).[104]

Die Bewegung des Chang Tao-ling und seine Macht über die Dämonen *(kuei-tao)*

Im 2. Jahrhundert, zur Zeit der Östlichen Han-Dynastie, entstand laut taoistischer Tradition durch die Initiative eines Chang Tao-ling in der Provinz Szechwan im Großraum des heutigen Chengdu, zeitlich ungefähr parallel zu den »Gelben Turbanen« im nordöstlichen China, die religiöse Bewegung des »Himmelsmeister-Taoismus« *(T'ien-shih tao)* oder des »Tao der Orthodoxie und Einheit« *(Cheng-i tao)*.[105] Diese Gruppierung hat wohl erst unter dem Enkel des Chang Tao-ling, Chang Lu, eine kurzlebige Eigenständigkeit in Form eines staatlichen Gebildes in einem Teil Szechwans erlangt, verbunden mit dem Namen »Fünf-Scheffel-Reis-Taoismus« *(Wu-tou mi tao)*.[106] Chang Lu wird aber in den späteren taoistischen Quellen von der legendären Größe und Bedeutung Chang Tao-lings als »Uranfang« völlig überdeckt. Obwohl diese Gruppierung um Chang Tao-ling, und später dann um Chang Lu, äußerlich unabhängig von den »Gelben Turbanen« entstand, gibt es Gemeinsamkeiten, die einen spezifischen und allgemein verbindlichen Hintergrund kultureller und religiöser Elemente belegen. In diesem Sinne sei auf jene Inhalte verwiesen, die mit der Kultur der antiken Experten *(fang-shih)* verbunden sind, vor allem auf ihre hygienischen, heilkundlichen und exorzistischen Methoden, die der Pflege des spirituellen und physischen Lebens des Menschen dienen.[107]

Dies impliziert ein Verständnis, das Krankheit als Ausdruck religiöser Verfehlung begreift.[108] Wer erkrankt war und im Kreise der Anhänger Chang Lus Heilung suchte, hatte in einem eigenen Raum über seine Verfehlungen nachzudenken. Als Verfehlung galt etwa das Schlachten von Tieren zu unpassenden Zeiten oder starker Alkoholgenuss. Ein schriftlicher Heilsvertrag verpflichtete den Kranken, die entsprechende Verfehlung nicht zu wiederholen. Der Vertrag, dreifach ausgefertigt, wurde dem »Himmel«, der »Erde« und dem »Wasser« übergeben. Andere, kleinere Verfehlungen konnten durch Dienstleistungen gelöscht werden, wobei der Bau oder auch die Reparatur von Brücken und Wegen besonders geeignet schienen. Durch Aktivitäten dieser Art konnte aber auch Erkrankungen vorgebeugt werden. Besonders bedeutsam war in dieser Interpretation der menschlichen Lebensbedingungen ein maßvolles Verhalten bezüglich Essen, Trinken (Alkohol) und Intimleben.[109]

Es war nötig, diese Einschränkungen vor allem in den »Herbergen« zu beachten, die überall angelegt worden waren. In diesen Häusern konnten Besucher gratis übernachten und speisen. So genannte »Weinzuteiler« *(chi-chiu)* verwalteten die Herbergen, in denen sie literarische und religiöse Funktionen ausübten, indem sie die Gäste etwa mit Rezitationen aus dem *Tao-te ching* (»Schrift vom Weg und seiner Wirkkraft«) spirituell betreuten. Sie konnten den Erkrankten »Beichten« abnehmen und die genannten Heilsverträge aufsetzen. Diese Weinzuteiler und die Herbergen bildeten offenkundig den Kern einer administrativen Struktur.

Es wurde angenommen, dass sich in den Herbergen Dämonen aufhalten, die daher auch dort zu kontrollieren und zu bannen seien. Es oblag den Weinzuteilern, diese Kräfte zu bändigen. Sie wurden dabei von untergeordneten Akteuren unterstützt, deren unterster Rang die »Dämonensoldaten« *(kuei-tsu)* waren. Diese befassten sich mit den unteren Kategorien der bösen Geister, während die gewichtigeren von Chang Lu bzw. seinen ranghöheren Gefolgsleuten und Nachfolgern bezwungen wurden. Dies war im Verständnis der Akteure deshalb möglich, weil sie über Kontrakte mit den obersten, guten Gottheiten verfügten.[110]

Die *chi-chiu* konnten die individuelle und religiöse Macht weitergeben, was unschwer die Anfänge eines Ordinationswesens erkennen lässt, das den religiösen Taoismus während seiner ganzen Geschichte bis heute auszeichnet. Aufgrund von Ordinationen entstanden so Lehrer-Schüler-Affiliationen, die seit Jahrhunderten das einzige Organisations- und Traditionsprinzip im religiösen Taoismus darstellen.[111] Unschwer erkennen wir an den genannten Funktionen der *chi-chiu* auch das Aktionsfeld der späteren »Meister des Tao« *(tao-shih)*, der taoistischen Priester des Himmelsmeister-Taoismus.

Vorrangig Quellen aus der T'ang-Zeit dokumentieren den lokalen Wirkungsbereich der Gruppierung des Chang Tao-ling bzw. Chang Lu im Großraum Chengdu. Er war zunächst in 24 »Amtsbereiche« *(chih)* eingeteilt, denen jeweils ein Weinzuteiler vorstand. Es ist wichtig zu bedenken, dass sich die Zahl 24 an den 24 kosmischen Energien entsprechend astronomischen Daten orientiert.[112] Diese Amtssitze *(chih)* jedenfalls seien dem Chang Tao-ling von T'ai-shang Lao-chün (Lao-tzu) selbst überantwortet worden. Sie hätten später noch mehrfach numerische Erweiterungen erfahren, u.a. um den 28 astralen Konstellationen *(erh-shih-pa hsiu)* zu entsprechen.[113] Ein eigenes Zuordnungssystem verband aufgrund numerischer und kalendarischer Kategorien die betreffenden Orte mit den Menschen, die durch ihre individuellen astronomischen Geburtsdaten spezifiziert waren. Der spirituelle Rang dieser Orte wird mit Berichten zu hervorragenden Taoisten belegt, die dort gewirkt haben und den Aufstieg in die Sphäre der Unsterblichen geschafft haben sollen, sodass sie nun als individuelle »Patrone« der jeweiligen Lokalität gelten. Jeder Mensch war also durch seine astronomischen Bestimmungsdaten entsprechenden »Amtsbereichen« zugeordnet, in deren himmlischen Entsprechungen das menschliche Lebensgeschick »verwaltet« wurde.[114]

Neben den zentralen Herbergen gab es viele andere an regional wichtigen Punkten, die mit örtlichen *chi-chiu* besetzt waren. Von diesen Einrichtungen wurde für die religiösen Dienstleistungen, die zu Heilerfolgen führten, eine Abgabe von »fünf Scheffeln Reis« *(wu-tou mi)* erhoben, woraus sich der ursprüngliche, bereits genannte, Name für die Bewegung des Chang Tao-ling und Chang Lu herleitet, nämlich Wu-tou-mi-Taoismus. *Wu-tou* bezeichnet aber auch eine Sternkonstellation. Es ist nicht auszuschließen, dass für die dort angesiedelten Sterngottheiten Reis- oder Hirseopfer ausgerichtet wurden und diese Bewegung eben dadurch ihren Namen erhielt.[115] Jedenfalls sehen wir in den genannten Herbergen, die an ausgesuchten Orten eingerichtet wurden, die Vorläufer der Tempel *(tao-kuan)* des religiösen Taoismus.[116]

Der Begriff Wu-tou-mi-Taoismus bezeichnet eine Anfangsphase des religiösen Taoismus, der sich aus diesen Anfängen, zu denen auch die T'ai-p'ing-Bewegung gehörte, entwickeln sollte. Der religiöse Taoismus wurde dann unter den eingangs genannten Namen Himmelsmeister- oder Cheng-i-Taoismus eine historische Realität, die bis heute weiterbesteht.

Aus den Erläuterungen zum *T'ai-p'ing ching* und den »Gelben Turbanen« ist der Begriff »Himmelsmeister« *(t'ien-shih)* schon bekannt.[117] Sinngemäß ist der Himmelsmeister ein Auserwählter, der vom Himmel Belehrungen empfängt und diese an Gefolgsleute weitergibt, im Sinne einer Initiation oder Ordination. Das hervorragende und traditionell legitimierende Beispiel ist Chang Tao-ling selbst.

Chang Tao-ling soll sich mit seinen Schülern und Gefolgsleuten am Berg Ho-ming in Szechwan niedergelassen haben, wo er Praktiken der Reinigung und Selbstkultivierung realisierte und sich mit Methoden der Herstellung von Unsterblichkeitsmedizinen befasste. Die Methoden der Alchimie, wie sie die *fang-shih* des antiken China übten, waren ihm vertraut.[118]

Vor diesem Hintergrund erscheint ihm, so will es die Überlieferung, T'ai-shang Lao-chün, der unter diesem Titel vergöttlichte Autor des *Tao-te ching*. Eine Version dieses Ereignisses lautet folgendermaßen:

»Zur Zeit des Kaisers Shun, im Sommer des Jahres 143, geschah es, daß Boten zu Chang Tao-ling herniederkamen und ihm T'ai-shang Lao-chün ankündigten. T'ai-shang Lao-chün sagte dann zu Chang Tao-ling: ›Sie haben in Ihrem früheren Leben dem Tao der Unsterblichen entsprochen. Die Dämonen der sechs Himmel schaden den Menschen. Ich übergebe Ihnen das Schwert, das üble Geister vernichtet, das wichtige Amt der Führung in den religiösen Diensten sowie die Methoden der erleuchtenden Einwirkung der Orthodoxie und Einheit *(cheng-i)*. Ich tue dies, damit Sie für mich die üblen, mörderischen Dämonen fortjagen und zudem die Methoden der Bekehrung des Volkes einsetzen.‹«[119]

Dies also sind der Auftrag und der Kontrakt, den Lao-chün

an Chang Tao-ling vergab, bezeichnet als die »Vertragsautorität der Orthodoxie und Einheit« *(cheng-i meng-wei)*. Mit dieser Autorität soll er Dämonen und Geister vernichten und Krankheiten heilen. Dies ist die Amtsgewalt, die Chang Tao-ling an seine Nachfolger vererben konnte, wodurch eine bis heute lebendige Tradition begründet wurde.

Zur besonderen Beziehung zwischen T'ai-shang Lao-chün und Chang Tao-ling passt, dass Chang Tao-ling einen Kommentar zum *Tao-te ching* geschrieben haben soll. Im *Tao-te ching hsiang-erh chu* wird Lao-tzu als Gottheit T'ai-shang Lao-chün benannt.[120] Dieser Text, nur noch bruchstückhaft erhalten, soll für die Taoisten in Szechwan maßgeblich gewesen sein.[121] Zu Lebzeiten noch soll Chang Tao-ling vom »Obersten Gottkaiser« *(shang-ti)* in den Rang des »Vollkommenen der Orthodoxie und Einheit« *(cheng-i chen-jen)* erhoben worden sein. Sein Kommentar zum *Tao-te ching* gehört zur Huang-Lao-Literatur, wobei Huang-ti (der »Gelbe Kaiser«) mit seinen sexuellen Praktiken der Lebensverlängerung eher mit Distanz betrachtet wird. Lao-tzu dagegen erscheint als Regent des K'un-lun-Gebirges im Westen, wo er nach seiner Reise nach Westen über den Han-ku-Pass Logis genommen haben soll.[122]

Das Thema der Krankheit und ihrer Ursache sowie eine puristische Lebensführung sind im religiösen Taoismus von großer Wichtigkeit. Nur gute Menschen können ihren »Feingeist« *(ching)* mit dem Himmel kommunizieren lassen. Die meisten Menschen aber sind, anders als die Taoisten, nicht fähig, entsprechende gute Werke zu akkumulieren und mit dem Himmel zu kommunizieren. Sie werden Opfer der »Erd-Beamten« und sterben, während die Taoisten den Aufstieg in den Himmel erreichen und in die Unsterblichkeit eingehen können.[123] Der formale Hintergrund ist eben jene »Vertragsgewalt« über Gottheiten und Dämonen, über die nur der Taoist verfügt.[124]

Diese einfachen Grundpositionen wurden von der Bewegung der Himmelsmeister-Taoisten in einem religiös geprägten Umfeld vertreten, das im Zusammenhang mit den alten Experten *(fang-shih)* und Schamanen *(wu)* schon dargestellt wurde.[125] Dieser Personenkreis war mit dem »Tao der Geister« *(kuei-tao)* verbunden und verfügte über entsprechende Methoden ihrer Kontrolle.[126] Der Begriff *»kuei-tao«* verweist u.a. auf die Erstellung von Orakeln per Medium. Die Grundlagen sind in einer Religion der Dämonen und der funktional differenzierten, durch den Menschen ansprechbaren Gottheiten zu sehen.[127] Andererseits kritisieren z.B. das *T'ai-p'ing ching* und Ko Hungs (283-343 n. Chr.) Werk *Pao-p'u tzu* Opfer an offenbar außerhalb des spezifisch taoistischen Bereichs liegende andere Gottheiten, die als »exzessive Kulte« geahndet werden sollten.[128]

In diesem Punkt stimmen die entstehenden taoistischen Organisationen des Himmelsmeister-Taoismus und die Literatenbeamten der staatlichen Ordnung überein. Es geht um die Ausgrenzung und Ausmerzung »anderer Kulte«. Diese Einstellung könnte in spezieller Weise auf Einflüsse des Konfuzianismus verweisen, der das Ahnenopfer als einzige akzeptable religiöse Kulthandlung sehen wollte, und zwar insofern, als sich das Opfer nur auf den eigenen Klan bezieht.[129]

Die Taoisten waren von kultischen Gebräuchen großer Vielfalt, z.T. anderer Ethnien, umgeben, und hier will der »neu erschienene« T'ai-shang Lao-chün durch seinen Stellvertreter, den Himmelsmeister Chang Tao-ling, die rechte Ordnung herstellen lassen. Diese Aufgabe fiel denn auch den späteren Taoisten in der Nachfolge Chang Tao-lings zu, die seinen »Vertrag« und seine spirituelle Macht geerbt hatten bzw. in der Ordination zum Priester *(tao-shih)* erhielten. Die Taoisten versuchten daher, und dies ist gut belegt, sich von »vulgären Kulten« bzw. Gottheiten abzusetzen, womit vor allem wohl kultische Formen der

Blutopfer gemeint sind.[130] Von Anfang an gelten Regeln der Zurückhaltung und Mäßigung, um nicht zu sagen des Puritanismus. Die Anhänger des Fünf-Scheffel-Reis-Taoismus sollen bei ihren kultischen Gemeindemahlen *(fu-shih)* exzessive Aufwendungen vermeiden. Dasselbe gilt für die Verbindung von Gebeten, Liedern und Tänzen sowie für Tieropfer, Orakel durch Medien und Riten der Austreibung oder Bannung. Abzulehnen seien die Gottheiten kleiner, nicht offiziell anerkannter Kulte.[131] Es komme darauf an, doziert der gelehrte Alchimist Ko Hung, nur die großen Gottheiten zu verehren, nämlich den Himmel und die Sterngottheiten Sonne, Mond und den »Größten Einen« *(T'ai-i)* (u.a.), parallel zu den Gottheiten des Staatskultes.[132]

Die geläufigen Kulte für Brunnen, Herd und Ahnen wurden toleriert und gemäß einer festen zeitlichen Ordnung angenommen. So waren z.B. die Ahnenopfer an den »fünf La-Tagen« gestattet, die Opfer an Erd- und Herdgott im zweiten und achten Monat. Die impliziten Parallelen, die auf eine gewisse Ganzheitlichkeit der Vorstellungswelt verweisen, sind sehr klar zu erkennen, wie R.A. Stein ausführlich gezeigt hat. Den »Fünf Gottkaisern« *(Wu-ti)* stehen so die fünf La-Tage gegenüber. An diesen Tagen sollen sich die genannten fünf Gottheiten in der »Himmelsstadt« *(hsüan-tu)* treffen. Die allgemeine Orientierung liegt dabei in den »fünf Richtungen« – das sind die vier Himmelsrichtungen und die Mitte – und z.B. entsprechend in den »fünf heiligen Bergen«.[133] Es sei bemerkt, dass auf den fünf heiligen Bergen Jahrhunderte später der Hoftaoist und Shang-ch'ing-Patriarch Ssu-ma Ch'eng-chen (647-735 n. Chr.) mithilfe des Kaiserhauses »vulgäre Kulte« beseitigen ließ, um sie durch orthodoxe taoistische zu ersetzen.[134] Dies bestätigt die für die Frühphase des religiösen Taoismus beschriebenen komplexen Verhältnisse.[135]

Es ist grundsätzlich erwiesen, dass kalendarischen Daten gemäß ein dichtes Netz von rituell nutzbaren Tagen entwickelt wurde, das die verschiedensten Bedürfnisse und Interessen abdeckte. Auf diese Weise wurden Gebräuche des religiösen und kultischen Umfelds selektiert und integriert. Es ist dabei zu bedenken, dass manche Akteure des frühen Taoismus schon als Experten oder Schamanen tätig waren, bevor sie zum Himmelsmeister-Taoismus stießen und ihre Kenntnisse einbrachten. Da es keine dogmatische Organisation gab, war das Spiel zwischen Ablehnung und Aufnahme kultischer Formen und Objekte sicher lokal bedingt und unterlag keinen allgemeinen Normen, von wenigen Punkten, wie der Vermeidung von Blutopfern, abgesehen.[136] Aufschlussreiche Belege sind die in der Geschichte immer wieder unternommenen Versuche, mit »Regeln der Disziplin«, von denen sich viele in den kanonischen Schriften finden, eine religiöse Orthopraxis festzulegen. Sie war in späteren Epochen sicherlich auch für die Selbstdarstellung der Taoisten vis-à-vis der agnostischen, konfuzianisch orientierten Staatsverwaltung wichtig.

Diese Elemente bezeichnen jedenfalls die späteren Entwicklungen des religiösen Taoismus, als er längst in Staat und Gesellschaft etabliert war und ausschließlich unter den Namen *T'ien-shih tao* oder *Cheng-i* firmierte und Chang Tao-ling schon längst unter den Unsterblichen gewähnt wurde.

Die Bewegung des Chang Tao-ling und seiner Nachfahren konnte das religiöse Erbe der T'ai-p'ing-Bewegung und des antiken China mit seinen Experten, Schamanen und dem »Tao der Geister« *(kuei-tao)*[137] selektieren, bündeln und zu einem neuen historischen Phänomen entwickeln, das wir als »religiösen Taoismus« bezeichnen.

Die Idee der »heiligen Schrift« im religiösen Taoismus

In den vorangehenden Ausführungen wurde deutlich, dass im religiösen Taoismus »Schriften« wichtige Bezugspunkte darstellen. In Kenntnis der christlich-abendländischen Verhältnisse drängt sich die Frage auf, ob es auch im Taoismus verbindliche »heilige Schriften« gibt, denen eine ähnliche Rolle zukommt wie der Bibel oder den Evangelien. Fallen das »Buch der Universalharmonie« *(T'ai-p'ing ching)* oder die »Schrift vom Weg und seiner Wirkkraft« *(Tao-te ching)* für den Taoisten in dieselbe Kategorie?[138]

Der einfachste Ansatzpunkt, um zu einer Lösung dieser Frage zu kommen, ist eine Betrachtung der kanonischen Literatur, die im taoistischen Kanon *(tao-tsang)* versammelt ist. Die uns vorliegenden modernen Editionen gehen auf seine vom Kaiserhaus der Ming-Dynastie in Auftrag gegebene Edition (15./16. Jahrhundert) zurück.[139]

Die Geschichte des Kanons reicht bis in das 5. Jahrhundert zurück, als mit drei Gruppen von Texten, den sogenannten Ling-pao-, Shang-ch'ing- und San-huang-Schriften, die »Drei Höhlen« *(San-tung)* entstanden und zusammengefasst wurden. Diese »Drei Höhlen« bilden den Kern des Kanons.[140]

Im 7. Jahrhundert taucht zudem der Begriff »Vier unterstützende Sektionen« *(Ssu-fu)* auf, wobei der genaue Ursprung dieses Begriffs, der auf vier Textgruppen verweist, nicht bekannt ist. Hier sind teils viel ältere Texte als in den »Drei Höhlen« enthalten, so das *T'ai-p'ing ching*, das die Sektion *T'ai-p'ing pu* anführt.[141]

Der Kanon ist siebenteilig. Die »Drei Höhlen« *(Tung-chen, Tung-hsüan, Tung-shen)* sollen sich ursprünglich im Hinblick auf bestimmte Kerntexte entwickelt haben. Später fanden zunehmend auch andere, heterogene Schriften Aufnahme, die oft keine

Verbindung mit den Grundtexten der jeweiligen »Höhle« erkennen lassen. Es scheint offensichtlich zu sein, dass unter dem Gesichtspunkt einer Erweiterung des schon früh eindrucksvollen Umfangs des Kanons vielfältige Texte Aufnahme fanden.

Die »Schriften des Himmels der Höchsten Reinheit« *(Shang-ch'ing ching)*, religiöse und exklusive Offenbarungen, bilden die Tung-chen-Gruppe. Ähnlich mysteriös geoffenbarte und empfangene Schriften waren die »Schriften des Magischen Juwels« *(Ling-pao)* in der Tung-hsüan-Gruppe. Die Texte der »Drei Souveräne« *(San-huang)* bilden die Tung-shen-Gruppe.[142]

Die Shang-ch'ing- und Ling-pao-Texte liegen zeitlich (4. Jahrhundert) und regional (Gebiet der heutigen Provinz Kiangsi) eng zusammen, wie auch die Großfamilien der Autoren bzw. Empfänger der Offenbarungen – namentlich die Hsüs und Kos – einander durch Heirat verbunden sind. Die historisch relevanten Editoren dieser Texte waren dann T'ao Hung-ching (456-536 n. Chr.) für die Shang-ch'ing-Gruppe und Lu Hsiu-ching (406-477 n. Chr.) für die Ling-pao-Gruppe.

Zu den »Vier unterstützenden Sektionen« *(Ssu-fu)* sei bemerkt, dass die *Cheng-i* genannte Sektion (»Orthodoxie und Einheit«) im Bereich der »Drei Höhlen« keinen Gegenpart hat, also alleine steht. Es wird gerne angenommen, dass sie als generelle Grundlage, als Eingangsebene für den Novizen der Profession des taoistischen Priesters *(tao-shih)*, verstanden wurde. Es sind Cheng-i-Register *(lu)* und -Texte, die der junge Novize zunächst erhält; und erst zur Vollendung seiner religiösen Karriere wird er mit Shang-ch'ing-Schriften betraut.[143] Die Struktur des Kanons kann sicherlich mit der Entwicklung der Karriere des Priesters verbunden werden, wenn auch viele Varianten und Möglichkeiten nachzuweisen sind, da es keine verbindlich formalisierte »Priesterausbildung« gab und lokale Traditionen letztlich maßgebend waren.[144]

Zu Struktur und Sinn des Kanons sei der 43. Patriarch des Cheng-i-Taoismus, Chang Yü-ch'u (1361-1410 n. Chr.) zitiert, der 1406 vom Kaiserhaus den Auftrag erhielt, den Kanon neu zu edieren. Er sagt, dass die Schriften und Manuale der »Drei Höhlen« durch die Gottheiten und »Himmelsehrwürdigen« Yüan-shih t'ien-tsun, Ling-pao t'ien-tsun und T'ai-shang tao-te t'ien-tsun verkündet worden seien. Durch alle kosmischen Zeitläufe *(kalpas)* hindurch seien sie in himmlischen Sphären tradiert worden, bis sie schließlich durch die Taoisten auf Erden verbreitet worden seien. Die Shang-ch'ing-Schriften stellten die oberste Kategorie der »Rettung der Menschen« dar. Die Ling-pao-Schriften dienten der meditativen Konzentration und der inneren Vision. Das *Tao-te ching* aber enthalte die Lehre und Normen für das tägliche Leben. All das seien göttliche Offenbarungen.[145]

Dazu passt, dass das Wort »Höhle« *(tung)* im Sinne von »kommunizieren« *(t'ung)* verstanden werden kann, was z.B. im Falle der Gruppe *Tung-shen* die »Kommunikation mit« oder den »Durchgang zu den Gottheiten« impliziert. Dennoch gilt, wie angedeutet, dass im Laufe der Jahrhunderte im Kanon ein Durcheinander von Texten und Traditionen entstanden ist. So finden wir im *T'ai-p'ing pu* Texte aus verschiedenen Zeiten zur Struktur und Geschichte des religiösen Taoismus, zur Karriere und Disziplin des taoistischen Priesters *(tao-shih)*.[146] Der Cheng-i-Sektion werden in der Ming-Zeit große Teile der Shang-ch'ing-Literatur angefügt.[147] Bei alledem wird keine zentrale »heilige Schrift« des religiösen Taoismus erkennbar.

Um das inhaltliche Spektrum des Kanons zu beleuchten, seien einige der zwölf Untergruppen genannt, die jede der »Drei Höhlen« strukturieren. Es handelt sich hierbei um die »Grundtexte«, die »göttlichen Amulette«, die »Jade-Instruktionen«, die »magischen Embleme«, »Genealogien«, »Disziplinarregeln«, »Liturgien«, »Eingaben und Petitionen«.[148]

Wir hatten schon gesehen, dass Heilung und Hilfe oder »die Rettung der Wesen« Aufgabe und Legitimation des Taoisten darstellen, der um die Einbindung des Menschen in die kosmischen Entwicklungsprozesse weiß.[149] Er kennt die Determinanten der spirituellen Lebensbedingungen des Menschen und kann sie handhaben. Der taoistische Praktiker der physiologischen und spirituellen Selbstkultivierung vermag es, die allen Menschen eigene himmlische Lebensgabe wieder herzustellen und dadurch selbst in die Unsterblichkeit einzugehen.

Der taoistische Priester *(tao-shih)*, und um den allein geht es in der Regel, kann im Idealfall aufgrund seiner inneren Vervollkommnung und der Ordination zum Priester die Verbindung der lokalen Gemeinwesen mit der kosmischen Ordnung rituell bestätigen oder erneuern.[150] Er fungiert als Mittler, der in sich das spirituelle und göttliche Potenzial des Kosmos konzentriert und rituell nutzt. Als Priester verfügt er vor allem über Amulette, Schriften und »Register« *(lu)*, welche die Grundlagen und das Unterpfand seiner spirituellen und rituellen Macht sind.[151] Das Kernkonzept liegt in der himmlischen Lebensgabe und in der Göttlichkeit, über die der Mensch verfügt. Es gibt hier keine abstrakte Göttlichkeit außer den durch die Körpergötter im Menschenleib gegebenen Repräsentanten der Kräfte, die alle kosmische Kraft an sich bedeuten und daher die Struktur des Kosmos abbilden. Nur der Taoist vermag es, diese Kräfte zu visualisieren, um sie anzurufen und bei Liturgien einzusetzen.

Es sind also zwei Bereiche, in denen wir »heilige Schriften« finden: zum einen in den Offenbarungen ebendieser Sachinformationen in den Schriften, zum anderen in ihren praktischen Anwendungen in Form von Amuletten und Registern, die auch ihrem Sinn und Ursprung nach Offenbarungen sind und ihrem rituellen Zwecke folgend als »heilige Schriften des Taoismus« anzusprechen sind.[152]

Gemäß dieser Definition kommt es dabei in ganz besonderer Weise den »Registern« der Namen der Gottheiten zu, als »heilige Schriften« zu gelten. Der Novize und spätere Priester hat sie nach und nach im Laufe seiner Ausbildung erhalten, verbunden mit Anrufungsformeln – und zusammen mit ihnen natürlich eine sich ständig erweiternde spirituelle Macht. Eine integre Lebensführung sowie die Reinheit von Gedanken und Glauben sind Voraussetzungen, um diese Mittel rituell effektiv einsetzen zu können.[153]

Die »Register« sind eine spezifische Art der »heiligen Schrift«, die an spezielle Funktionen gebunden ist. Bei diesen Registern stellt sich für den Taoisten nicht die Frage der Auslegung oder der Autorität gegenüber den »Gläubigen«. Sie sind als Berufsausstattung exklusiver, geheimer Besitz des Priesters. Die Schriftstücke sind zumeist mit Amuletten verbunden, die spirituelle Kräfte herbeirufen können oder selbst als solche gelten, was der Heiligkeit der »Register« einen besonderen Sinn verleiht. Es sei angemerkt, dass dies in der Praxis durch die Regel belegt wird, die persönlichen Register eines Priesters nach seinem Tod vom Leichnam separiert zu bestatten, da sie gewissermaßen von den göttlichen Kräften der »Register« und Schriften weiterhin umgeben sind. Sie dürften durch den verwesenden Leichnam nicht belästigt werden.[154]

Im Rahmen der Geschichte von religiösen Offenbarungen im Taoismus tritt T'ai-shang Lao-chün (Lao-tzu) immer wieder in Erscheinung. Er soll in himmlischen Archiven befohlen haben, die himmlischen Schriften dort zu redigieren, um schließlich die erwähnten Schriften der »Drei Höhlen« mit ihren zwölf Subsektionen abzufassen und zu offenbaren. So gesehen hat der taoistische Kanon als Ganzer eine göttlich sanktionierte Struktur und Entstehungsgeschichte. Natürlich soll es in den himmlischen Archiven Texte geben, die noch nicht geoffenbart wurden und ein unglaublich großes Potenzial zukünftiger Offenbarungen bedeuten.[155]

Säkulare Bibliographen in China hielten all dies für sehr merkwürdig und befremdlich. Eine gute Orientierung bietet die bibliographische Behandlung des *Tao-te ching*. Das Geschichtswerk *(Shih-chi)* des Großhistorikers Ssu-ma Ch'ien nennt dieses Buch »das Werk in gut fünftausend Worten« in »zwei Kapiteln«.[156] Er berichtet die bekannte Geschichte von Lao-tzu, der einen unwürdigen Herrscher der Chou verließ und so zum Ideal des »guten Ratgebers« avancierte. Der in der Han-Zeit vergöttlichte Lao-tzu (T'ai-shang Lao-chün) soll in den späteren Epochen immer wieder in der Welt als guter Ratgeber erschienen sein, speziell in der T'ang-Zeit (618-907 n. Chr.).

Die T'ang-Herrscher trugen wie Lao-tzu den Familiennamen Li, und die Ahnherrschaft Lao-tzus für das Herrscherhaus Li wurde sehr ernst genommen, ging sie doch auf eine Mitteilung Lao-tzus an das T'ang-Herrscherhaus selbst zurück.[157] In der T'ang-Zeit wurde das *Tao-te ching*, zu dem Kaiser Hsüan-tsung (8. Jahrhundert) Kommentare verfasste, auch offizieller Prüfungsstoff für die Beamtenprüfung. Dieses Buch hat damit in einer sehr profanen und formalen Sphäre höchste Anerkennung erfahren. Es lohnt sich, das Phänomen der heiligen Schrift im Taoismus kurz von der säkularen Seite, also mit den Augen der Literaten, zu betrachten.

In der säkularen, offiziellen Bibliographie findet sich das *Tao-te ching* der dritten Gruppe zugeordnet, den »Meistern/Philosophen« *(chu-tzu)*. In dieser bibliographischen Rubrik finden sich Werke der praktischen Philosophie versammelt, die offensichtlich keine »heiligen Schriften« sind. Werke der »Meister des Tao« aber sind hier nicht verzeichnet. Die Gelehrten der T'ang-Zeit, welche die Geschichte der vorangehenden Sui-Zeit (581-618 n. Chr.) kompilierten, haben dennoch umfangreiche Angaben zu den so genannten »Tao-Schriften« *(Tao-ching)* gemacht. Wir finden diese Ausführungen als Anhang zur letzten Kategorie der Bibliographie, den »Sammlungen« *(chi)*.[158]

Das »Buch der Sui« *(Sui-shu)* nennt für die *Tao-ching* vier Untergruppen als Untertitel: 1. Schriften und disziplinarische Regeln, 2. Diätetik, 3. Schlafzimmer-Techniken, 4. Amulette und Register.

Das *Sui-shu* gibt einen Bericht, der Art und Charakter der *Tao-ching* verdeutlichen soll. So berichtet dieses Werk über die Gottheit Yüan-shih t'ien-tsun, dass sie vor aller kosmischen Existenz schon war, ausgestattet mit dem Odem der »großen Spontaneität«. Sehr rasch verweist der Text auf die Nähe buddhistischer Vorstellungen, indem er andeutet, dass die von den Taoisten genannten Vorstellungen über das Werden und Vergehen von Himmel und Erde, über die kosmischen Zeitzyklen, denen der Buddhisten ähnelten.

Es sei hier nur en passant auf die vielen klaren Parallelen zwischen religiösem Taoismus und Buddhismus verwiesen, und zwar in terminologischen wie konzeptionellen Bereichen, zu denen in der sinologischen Forschung kompetente und detaillierte Studien vorliegen.[159] Die »Drei Körbe« *(Tripiṭaka)* des buddhistischen Kanons legen zumindest formal und äußerlich den Vergleich zu den »Drei Höhlen« der Taoisten nahe. Die in vielen taoistischen Schriften vertretenen Auffassungen von Schuld und Sühne, Höllenstrafen und den Möglichkeiten, ihnen zu entkommen, sowie der Bedarf an Methoden der Rettung finden viele Parallelen in buddhistischen Überzeugungen.[160]

Das *Sui-shu* erklärt, dass Form und Sein der Gottheit Yüanshih t'ien-tsun als ewig existent gelten. Diese Gottheit sei es, die für die Überlieferung der taoistischen Schriften und Methoden sorge und so die Rettung der Menschen sicherstelle. Die anderen Gottheiten, die durch alle Zeitzyklen hindurch Bestand hätten, seien u.a. T'ai-shang Lao-chün[161], die Gottkaiser der fünf Himmelsrichtungen und die unsterblichen Himmelsbeamten.

Von diesen Vorstellungen sind die taoistischen Schriften in ihrer Essenz nicht zu trennen. Von sich aus, von selbst seien sie immer und ewig existent. Sie seien nicht »verfasst« worden, sondern Kristallisationen himmlischer Laute. Diese kosmischen Schriften werden den Menschen freilich nur bei Bedarf zugänglich gemacht, und zwar in der Not, die ein bevorstehender Wechsel in den Zeitzyklen mit sich bringt. Zunächst werde dann die interne, himmlische Überlieferung der Schriften angeordnet. Die himmlischen Laute (bzw. Lesungen) würden separiert und zu »Jade-Schriftzeichen« geformt. Die Unsterblichen selbst könnten diese zunächst, weil sie sonnenhell seien, nicht anschauen. Erst wenn alle Gottheiten der Rangfolge nach diese Texte erhalten hätten, würden sie schließlich an die Menschen weitergegeben.

Der erste menschliche Empfänger einer solchen Himmelsschrift sei jedenfalls ein initiierter Taoist.[162] Dieser habe sie als geheimen Schatz zu bewahren, bis eine weitere Überlieferung zulässig sei. Wir erfahren, dass sich diese Texte stets mit der Verwirklichung von »Mitmenschlichkeit«, »Liebe«, »Reinheit« und »Ruhe« befassten, deren Realisierung zu »Langlebigkeit« führe. Der Praktiker der in diesen Schriften genannten Methoden werde sich zur Göttlichkeit sublimieren *(shen-hua)* können und in den Rang eines Unsterblichen aufsteigen bzw. »ein Leib mit Tao« sein. Es ist offenkundig, dass alle diese Möglichkeiten mit der Karriere der »Meister des Tao«, also der taoistischen Priester, genuin verbunden sind.

Der Text des *Sui-shu* beschreibt daher die Etappen des Eintritts in den Taoismus, d.h. in das *Berufspriestertum* der Taoisten. So heißt es etwa, der Novize erhalte das »Register zum Text in fünftausend Worten«, dann die »Register der Drei Höhlen«, die »Register der Kommunikation mit dem Mysterium« *(Tung-hsüan)* und die »Register der Kommunikation mit dem Himmel der Höchsten Reinheit« *(Shang-ch'ing)*. Nochmals hören wir von der Schlüsselrolle der »Register«. Sie enthalten die Zahlen und Namen der himmlischen Beamten und Assistenten, die eben dem Besitzer der »Register« zur Verfügung stünden. Auch hier wird von Amuletten als Teil der »Register« gesprochen. Alle diese Dinge seien nötig, um u.a. die Aufgabe der Vernichtung der Dämonen zu erfüllen, in Fortsetzung der Taten des »1. Himmelsmeisters« der Östlichen Han-Zeit, Chang Tao-ling.

Taoistische Schriften, die in der Welt zirkulieren, sind demnach Schlusspunkte einer Überlieferung kosmischer Dokumente, oder anders gesagt, in ihrer weltlichen Endform zu Papier gebrachte Eröffnungen »himmlischer Laute«. Frühere Zustandsformen dieser Schriften sind für die Menschen weder greifbar noch schaubar oder lesbar. Am Ende der Überlieferung jedenfalls steht auf Erden der würdige Empfänger, der Taoist oder die Taoistin, die sie als geheime Offenbarungen in festgelegten Formen (Initiation, Ordination) selektiv weitergeben. Dieser Vorgang konstituiert die intellektuelle und spirituelle Basis einer auf Affiliationen von Lehrern und Schülern (Novizen, Anhängern) gründenden religiösen Organisation des Taoismus.

Formal gesehen handelt es sich bei den »Registern« und Amuletten um Ausweise einer Vertragsgewalt gegenüber der Sphäre der Gottheiten oder himmlischen Kräfte. Praktisch handelt es sich nicht um Prosatexte, sondern um Formeln und Listen, die aufgrund ihres Inhaltes, ihrer Überlieferungsgeschichte und ihrer praktischen Funktion als »heilige Schriften« angesprochen werden können.

Das im *Sui-shu* genannte »Register zum Text in fünftausend Worten« hebt den auch dem Literaten und profanen Gelehrten vertrauten Text *Tao-te ching* hervor und verbindet ihn mit einer völlig anderen Sinn- und Argumentationsebene. Das *Tao-te ching* ist Teil der rituellen Literatur.[163]

Es ist signifikant, dass zusammen mit den »Registern« auch Amulette genannt werden. Amulette sind ihrer äußeren Form nach zumeist kompakte unverständliche Siegelzeichen, teils verbunden mit figürlichen und grafischen Darstellungen zu den betreffenden göttlichen Kräften. Sie sollen gebannt in der grafischen Form zugegen sein. Bei der Erstellung eines Amuletts exteriorisiert der Priester die ihm innewohnenden Kräfte und fixiert sie im Amulett, dessen Form und Funktion als Vertragsform und Vertragsgewalt verstanden wird. Taoistische Schriften dieser Art sind immer Äußerungen spiritueller Kräfte.[164]

Unter den uns vorliegenden taoistischen Texten gibt es auch solche, die ihre himmlische Form gewissermaßen noch nicht ganz abgelegt haben und daher ausschließlich dem Initiierten zugänglich sind. Der Laie sieht nur unverständliche, antiquiert scheinende Siegelschriften, die de facto religiöser Imagination entspringen. Manche taoistische Schriften haben solche Textblöcke in ihrem Zentrum, und der uns verständliche Text scheint als Rahmen um diesen Block herum angelegt zu sein. Erklärungen bzw. Umschriften zu den Siegelzeichen werden teils auf Gottheiten, teils auf initiierte Taoisten zurückgeführt. Offenbar steht dieser Texttyp mit der im *Sui-shu* beschriebenen Genese taoistischer Schriften in enger Verbindung. Ein hervorragendes Beispiel ist das *T'ai-p'ing ching*, das wie andere formal vergleichbare Schriften im Mittelpunkt einer Bewegung oder Schulgründung stand, wobei die Qualität, eine »himmlische Offenbarung« zu sein, ein sicher wesentlicher Aspekt ist.[165]

Wir verstehen, dass solche »heiligen Schriften« wie auch der Kanon selbst als Objekte religiöser Verehrung galten. Hierfür gibt es u.a. in Instruktionen für den Bau taoistischer Tempelbibliotheken genügend Hinweise.[166] Wir sehen auch, dass die

Kultur der taoistischen Priester ausgeprägt literarisch gestaltet ist, wobei die uns magisch anmutenden Mittel wie »Register« mit Beschwörungsformeln, geheimen Namen und Amuletten an die Mittel der Experten *(fang-shih)* der Antike erinnern.

In welch hohem Maße diese Mittel aber im Taoismus sublimiert sind, das zeigen die »Offenbarungen« in den Schriften *(ching)* aller Sektionen des taoistischen Kanons. Er enthält keine *einzelne*, herausragende Schrift, die in ihrer religiösen und praktischen Funktion in irgendeiner Weise mit der Bibel oder den Evangelien verglichen werden könnte. Anspruch und Form der taoistischen religiösen Kultur entsprechen wesentlich anderen Bedingungen und entstammen einem völlig anderen historischen und kulturellen Umfeld.

Die Beziehungen zwischen Mensch, Kosmos und dem Göttlichen

Die Vorstellungen zu »heiligen Schriften« im religiösen Taoismus, im vorangegangenen Kapitel beschrieben, verweisen darauf, dass die »taoistische Schrift« *(Tao-ching)* das Endergebnis einer in himmlischen Sphären beginnenden Überlieferung darstellt. Welche Beziehung hat nun der Mensch zu dieser Überlieferung taoistischer Schriften, und welche Bedeutung haben diese für ihn?

Wesentliche Antworten bieten zwei exemplarische Texte aus der *Ling-pao* (»Magisches Juwel«) genannten Gruppe von Schriften, die im 4. und 5. Jahrhundert in der Provinz Kiangsi entstanden und von dem taoistischen Priester und Gelehrten Lu Hsiu-ching (406-477 n. Chr.) zusammengestellt bzw. bibliographisch erfasst wurden. Von ihm erfahren wir übrigens auch, dass es etliche Ling-pao-Texte gibt, die »noch nicht offenbart«

wurden und somit ein gewisses Potenzial für die Zukunft darstellen.[167]

Wir wenden uns für die Darstellung unseres Themas dem Text »Schriften und Karten zu den vierundzwanzig Lebenskräften des Magischen Juwels der Grottenhimmel« zu, der zum Grundstock der alten Ling-pao-Literatur gehört.[168] Die Bedeutung dieses Textes spiegelt sich in den vielen Titelvarianten wider, mit denen er bis in die Ming-Zeit (15./16. Jahrhundert) hinein, im Rahmen von Schriften im taoistischen Kanon, zitiert wird.

Formal betrachtet besteht der Text aus einem Kapitel mit 48 Doppelseiten.[169] Auf den einführenden Prosatext folgen drei Gruppen von Versen zu den drei Teilen »Oben«, »Mitte« und »Unten«, jeweils mit einem kurzen Abschlusstext und acht Amulettzeichen, die mit Erläuterungen verbunden sind. Diese enthalten Angaben zu den Platzierungen der Gottheiten, ihren Namen und Farben sowie Angaben zur Kategorie des repräsentierten Odems (oder der Kraft) der Gottheit.[170] Nach einem weiteren Prosatext zur Überlieferung dieser Schrift, versehen mit Symbolzeichen zu den »schützenden Dämonenkönigen«[171], finden wir lange Listen mit den Namen und Titeln göttlicher Offizianten aus der Entourage der Gottheiten. Diese Listen sind wiederum nach den Sektionen »Oben«, »Mitte« und »Unten« geordnet und haben jeweils abschließende Texte in »wahrer Siegelschrift«, die mit »Umschrift« verständlich gemacht werden.[172] Dieses formale, äußere Erscheinungsbild ist typisch für viele taoistische »heilige Schriften«.

Der Text, eine Eröffnung aus himmlischen Sphären, was u.a. die »wahren Siegelschriften« anzeigen, enthält die »vierundzwanzig Karten der jeweils acht Sphären in den drei Sektionen«, die so genannten »purpurnen Schriftzeichen des goldenen Buches«, »die Zinnobertraktate der Jadeschriften«.[173] Die Gottheit Yüanshih t'ien-tsun (»Himmelsehrwürdiger des Uranfangs«) hatte sie dem »Allererhabensten grenzenlosen Lord Tao« übergeben, von dem ausgehend die Überlieferung an die Taoisten dieser Welt erfolgte.

Die »vierundzwanzig Karten« sind mit den vierundzwanzig Gottheiten zu verbinden, die für die acht Sphären der drei Sektionen des Menschenleibes stehen (Kopf, Brust/Herz, Abdomen), ein Abbild des Makrokosmos »Himmel, Erde, Mensch«. Sie sind die im menschlichen Körper residierenden göttlichen und magischen Kräfte, welche die Gesamtheit des Lebenspotenzials und seiner Funktionen ausmachen. Sie werden gemäß ihren unterschiedlichen Kontrollbereichen eingeteilt und benannt.

Da gibt es den »Palast des oberen Ursprungs« (im Gehirn, auch »Lehmpille« genannt), den »Palast des mittleren Ursprungs« (in der Brust, auch »Roter Palast genannt«) und den »Palast des unteren Ursprungs« (im Bauch, auch »Lebenstor« genannt).[174] Die Gottheiten in den genannten drei Sphären sind identisch mit denjenigen kosmischen Gottheiten, mit deren parallelen himmlischen Machtbereichen der praktizierende Taoist und Besitzer dieses Textes durch stete Meditation über ebendiese Gottheiten eins wird.[175]

So geschieht es denn, wenn wir diesem Text folgen, dass der praktizierende Taoist bei vollem Erfolg schwebend auffährt zu einem Leben als Unsterblicher *(hsien)*. Das Leben als Unsterblicher ist das fundamentale Thema und praktische Ziel des Taoisten, wobei auch zu bedenken ist, dass der *hsien* sich aller Not und Gefahr entzieht, welche die Wechsel der kosmischen Zeitzyklen *(kalpas)* mit sich bringen.[176] Diese Art der Hilfestellung oder Rettungsmöglichkeit ist freilich auch ein Anliegen der Gottheiten in den Himmeln. Sie bewerkstelligen daher die Eröffnung solch Rettung bringender oder verheißender Schriften.

Es ist beachtlich, dass dieses Ziel der Rettung und Erlangung der Unsterblichkeit offenbar allein anhand dieses einen Textes und seiner Methode erreicht werden kann, ohne dass weitere Schriften oder Mittel empfohlen würden. Dazu passt, dass dieser Text den Makrokosmos wie den Mikrokosmos (Mensch) umfassend beschreibt, was das Emblem »vierundzwanzig« anzeigen soll. Die drei Sektionen Kopf (Gehirn), Brust (Herz) und Bauch sowie auf anderer Ebene Himmel, Erde und Mensch mit jeweils acht Sphären oder Richtungen ergeben »drei mal acht«, also »vierundzwanzig«.

Diese Zahl ergibt sich auch gemäß dem System der Korrespondenzen in dieser Schrift durch die Addition von 9 (»Osten«) plus 3 (»Süden«) plus 7 (»Westen«) plus 5 (»Norden«), was an denjenigen Zahlenkategorien deutlich wird, die mit den Schutzamuletten zu den »Dämonenkönigen« der vier Himmelsrichtungen verbunden sind. So repräsentiert diese »heilige Schrift«, die »Schriften und Karten zu den vierundzwanzig Lebenskräften des Magischen Juwels der Grottenhimmel«, den Kosmos mit seiner Struktur der spirituellen oder göttlichen Potenzen, die der Mensch in Form von vierundzwanzig Gottheiten in sich trägt. Der Mensch also konzentriert in sich, nach Zahlenemblemen geordnet, die kosmische Einheit, die Summe aller göttlichen Potenz, was hier als Schlüssel für das Verständnis der taoistischen Gegebenheiten überhaupt höchst deutlich hervorgehoben sei.[177]

Der Text beginnt mit einer Beschreibung des kosmischen Uranfangs. Dies sei jene Phase, in der die spontanen göttlichen Kräfte in den »drei Sektionen« mit ihren je »acht leuchtenden Sphären« eben jene drei Sektionen selbst erstrahlen ließen und die Kalpa-Zahlen ihren Anfang nähmen. Damals sei die Gottheit Yüan-shih t'ien-tsun mit all den höchsten Gottheiten (u.a. »Lord Tao«, T'ai-shang ta-tao chün) in einem himmlischen Palast zusammengekommen. Der Text beschreibt ausführlich diesen Moment größter Ruhe und Harmonie sowie die Eröffnung des vorliegenden Textes (TT 1407) in himmlischen Sphären, ausgehend von Erklärungen von »Lord Tao«. Es komme darauf an, heißt es da, im nun anhebenden Zeitzyklus dem »Saatvolk« der würdigen Taoisten Mittel der Hilfe und Rettung zu geben.[178] Besonders hervorragende Texte seien hierbei die nur in äußerster Ferne zu schauenden »vierundzwanzig Karten«, die »oben« mit den »vierundzwanzig Vollkommenen«, im »mittleren Teil« mit den »vierundzwanzig Energien« und »unten« mit den »vierundzwanzig Lebenskräften« harmonieren würden.

Indem nun die Eröffnung dieser Texte konkret erbeten wird, lässt der »Himmelsehrwürdige des Uranfangs«, Yüan-shih t'ien-tsun, Odem in den Farben Grün, Gelb und Rot aus seinem Mund heraustreten. Diese Energien verbreiten sogleich ein durchdringendes Leuchten, und in ihnen werden die genannten »purpurnen Schriftzeichen« des »goldenen Buches«, die »Zinnobertraktate der Jadeschriftzeichen« strahlend deutlich. Innerhalb dieser drei farbigen Energien lassen sich zugleich auch die vierundzwanzig Vollkommenen der leuchtenden Sphären sehen, wie sie mit einer gewaltigen Entourage im leeren Raum schwebend erscheinen, wie sie mit Pferden und Wagen herankommen und die magischen Schriften schützend umringen.

Im Rahmen dieses himmlischen Szenarios der Eröffnung führt diese Schrift nun die Überlieferung zur messianischen Erscheinung des »Späteren Heiligen Lord Li« (d.h. Li Hung-yüan) ein, der hier mit »Lord Tao« (Tao-chün) zu identifizieren ist.[179]

Viel spätere populäre Traditionen zu den »einundachtzig Inkarnationen Lao-tzus« heben die Aussage unseres Textes zum »Späteren Heiligen Lord Li« auf eine ganz andere Ebene. Der »Spätere Heilige« wäre demnach Lao-tzu oder T'ai-shang Lao-chün (der »Allererhabenste Lord Lao«). Folgen wir dieser Interpretation, dann würde unsere Ling-pao-Schrift eine Verbindung zum zentralen Initiator des Taoismus, zum traditionellen Autor des *Tao-te ching*, implizieren, und zwar aufgrund der möglichen

Mehrdeutigkeit des Namens »Lord Li«. T'ai-shang Lao-chün reiste, wie es in den Darlegungen der Schrift zu den »einundachtzig Inkarnationen« heißt, »an das Ufer des westlichen Flusses«, wo er dem »himmlischen König« Yüan-shih t'ien-tsun begegnete. Er bat diese Gottheit um Unterweisung u.a. zu diesen »vierundzwanzig Karten«. Hier liegt eine deutliche, aber sehr verknappte Parallele zum alten Ling-pao-Text vor.[180]

Der Ling-pao-Text beschreibt, wie der Himmelskönig als Antwort auf ein Ersuchen von Lord Li den »Jadetalisman zur Durchdringung der Mysterien und zur Vision der inneren Sphären« ausspuckt und ihn dem Bittsteller übergibt.

Dieser solle sich eintausend Tage lang einer »reinen Fastenübung« unterziehen, seinen Leib mit Weihrauch reinigen, um dann das genannte Amulett einzunehmen. Seine Körpergötter würden sodann vollständig sichtbar werden.[181] Er werde alles durchdringen, und seine Zweifel seien alle gelöst.

Lord Li tat alles wie anbefohlen. Die Körpergötter der vierundzwanzig Sphären zeigten sich in seinem Leib. Die goldenen Bücher der Jadezeichen, die »vierundzwanzig Karten«, erschienen leuchtend im freien Raum. Da befahl Lord Li den Unsterblichen, die für die Bewahrung der vierundzwanzig Karten verantwortlich waren, diese auszuschreiben. Die so genannten »Zinnobertraktate der Jadeschriftzeichen« und »die purpurnen Schriftzeichen des goldenen Buches« nahmen nun auf ebendiese Weise mit ihrem Lautbestand, d.h. mit ihren Lesungen, Gestalt an. Lord Li, sei er nun mit Li Hung-yüan (Ling-pao-Text) oder mit Lao-chün zu identifizieren, steht demnach am imaginären Beginn der Überlieferungsgeschichte dieser Schrift auf Erden.

Der Ling-pao-Text enthält in weiteren Textabschnitten Angaben zur Platzierung der genannten göttlichen Kräfte im Menschenleib. Nach »achtjähriger Meditation« heißt es da, lassen die acht Vollkommenen der oberen Sektion (Kopf/Gehirn) ihre

Gestalt sehen und holen dann den betreffenden Meditierenden »nach oben« ab, zum Aufstieg in himmlische Regionen.[182]

Diese Schrift zeigt also eine Struktur göttlicher energetischer Kräfte, die den Menschenleib und sein Leben bestimmen und zugleich kosmische Gegebenheiten reflektieren. Diese Schrift ist kein göttlicher Erlass, sondern eine Offenbarung transzendenter Realitäten. Der initiierte Taoist erfährt so in sich den Weg zur Realisierung der eigenen Göttlichkeit.

Viele vergleichbare Züge sehen wir in einem zweiten Beispiel, in den »Spontanen Jadeschriftzeichen und inneren Klängen aller Himmel, in der Schrift des Magischen Juwels von T'ai-shang«.[183] Der Text wird der Gottheit T'ien-chen huang-jen (»Erhabener Herr himmlisch Vollkommener«) in den Mund gelegt, d.h., er wird von ihr präsentiert.

Diese Schrift konzentriert sich auf die zweiunddreißig Himmel (vier mal acht). Für jeden Himmel gebe es acht Jadeschriftzeichen, zusammen also 256 Zeichen. Sie seien die Kristallisationen der in den Himmeln schwebenden Energien, die spontan (»natürlich«) in diesen Zeichen äußere Formen angenommen hätten. Wir begnügen uns mit der Vorstellung des ersten Teils dieses Textes.

Der Obertitel zu Kapitel 1 zeigt, dass »Jadeinstruktionen« und Texte (Verse) vorgestellt werden, nämlich die »verborgenen Worte des großen Brahman« *(ta-fan yin-yü)*.[184]

Der Textaufbau ist systematisch an den oben angedeuteten Zahlenkategorien orientiert. Nach einem einleitenden Prosatext von T'ien-chen huang-jen zum Thema »die kosmische Genese dieser Texte« folgen vierundzwanzig kryptische »himmlische« Siegelzeichen. Der Titel für diese erste Gruppe verweist wiederum mit der Zahl 9 auf den Osten. Mit dieser Himmelsrichtung werden also die »himmlischen Schriften, in denen die neun Energien vereint sind«, assoziiert. Anschließend folgen Aufzählungen, die in acht Blöcke von je drei vertikalen Schriftzeilen gegliedert werden können, wobei für jeden einzelnen der acht mit dem Osten verbundenen Himmel drei Rubriken von Jadeknaben und -mädchen (jeweils zweiunddreißig Personen) genannt werden. Dieser Abschnitt wird abgeschlossen von einer neunten, etwas längeren, aber gleichartigen Auflistung für den grundlegenden Begriff des »östlichen Himmels« bzw. des »blaugrünen Himmels der neun Energien«. In derselben Form werden dann die anderen Himmel vorgestellt, die den Zahlen 3 (Süden), 7 (Westen) und 5 (Norden) entsprechen.

Dieser erste Teil wird von einem Prosatext abgeschlossen, der u.a. förmliche Angaben zur Über- oder Weitergabe dieser Schrift als Ganzer macht.[185] Der Prosatext gibt auch Informationen für künftige Empfänger, deren kalendarische Lebensdaten für diesen Vorgang eine wichtige Rolle spielen. Durch diese Daten ist das Individuum gekennzeichnet, d.h., es ist so mit seinem eigenen, bestimmten »Odem« und »Himmel« verbunden und einer individuellen Eigenbestimmung zugeordnet. Der Empfänger dieser Schrift geht mit den hier repräsentierten himmlischen Kräften einen Verbund oder Kontrakt ein und wird somit in deren himmlischen Archiven registriert. Auf diese Weise wird der neue Status des Betreffenden in der spirituellen Welt angezeigt und verbucht.[186]

Der praktische Nutzen dieser Schrift für ihre Empfänger und Besitzer soll immens sein, können sie doch danach streben, »Unsterbliche« zu werden. Sie werden den Text »am Gürtel« bei sich tragen und sich so die Präsenz der fixierten spirituellen Kräfte sichern. Sie kennen nun die Lautungen dieser »spontanen Jadezeichen«, welche die Textbesitzer stets rezitieren und verinnerlichen können. Auf diese Weise vermag es der Taoist auch, andere Menschen zu retten und zu bekehren und sich selbst der »Langlebigkeit« zu erfreuen.

Auch hier sehen wir wiederum ein in sich geschlossenes Angebot, das zur Erfüllung der taoistischen Grundmotive führt, nämlich zur Lebensverlängerung und zur Unsterblichkeit. Es gilt also, dass die im Text enthaltene Methode den praktizierenden Taoisten mit den göttlichen Potenzen des Kosmos verbindet, sodass er auch äußerlich sichtbar in diese Sphäre eingeht.

Die Wahrnehmung und Gestaltung der menschlichen Göttlichkeit ist wesentlich für den Taoisten, dessen physische und spirituelle Konstitution parallel zu der des Kosmos angelegt ist. Wir bedenken, dass diese Verhältnisse zunächst im Rahmen der himmlischen Hierarchien aufgezeigt werden, in denen ebenfalls Rituale der Überlieferung vollzogen werden, und zwar von den höchsten Gottheiten bis hinab zu den geringeren Rängen. Die hier beschriebenen rituellen Vorgänge können in manchen Aspekten mit Elementen der taoistischen Liturgie, im Sinne einer Vorbildhaftigkeit, verglichen werden.

Zusammenfassend stellen wir fest, dass die beiden beschriebenen Texte, jeder für sich, ein umfassendes Heilsangebot präsentieren. Sie beschreiben den Kosmos in seiner numerisch geordneten Struktur und den Platz, den der Mensch in ihr einnimmt. Die Verbindung von Offenbarungen der himmlischen Struktur und ihrer Relevanz für die menschliche Existenz kennzeichnet diese Schriften. Sie offerieren Darstellungen der relevanten göttlichen Potenzen sowie der nötigen religiösen Hilfsmittel, um dem Zyklus der Wiedergeburten und temporären Höllenexistenzen zu entkommen. Sie verstehen sich als Hilfsmittel in einer Epoche, in der ein Zeitzyklus *(kalpa)* endet und kosmische Katastrophen bevorstehen. Das »Saatvolk«, d.h. die mit diesen Schriften ausgerüsteten Taoisten, wird bestehen bleiben und zu neuer, verfeinerter Existenz gelangen.

Es sei erwähnt, dass Ähnliches auch für die nur wenig älteren Shang-ch'ing-Texte gilt. Auch hier erhalten wir Erklärungen und

Offenbarungen aus den Sphären der Gottheiten.[187] Das Besondere, bezogen auf die Stellung des Menschen in dieser Welt, ist die Zugänglichkeit der transzendenten Welt für den Menschen, der als Lebender, und nicht erst nach seinem Tod, die Grenzen der profanen Physis überschreiten kann und selbst Teil der transzendenten Welt wird. Diese Schriften belegen darüber hinaus die Entwicklungsfähigkeit der religiösen Imagination in China.

Die »heiligen Schriften« des religiösen Taoismus erzielten in der Überzeugung der Taoisten ihre religiöse Wirkung aber nur im Zusammenspiel mit einer entsprechenden Gesamtgestaltung der Lebensführung, also zusammen mit physiologischen Übungen der Selbstkultivierung, mit Meditation, Diät und Gebet, getragen von einer reinen Glaubenshaltung und innerer Offenheit.

Aufgabe, Leben und Sein des Menschen

In Anbetracht der »heiligen Schriften« im religiösen Taoismus und ihrer Vielfalt, der Größe der religiösen Imagination und der Möglichkeit, die sie bietet, wollen wir nun etwas weniger exklusive, praktische Unterweisungen betrachten. An die Adresse eines weltlichen Potentaten gerichtet, vermitteln sie taoistische Vorstellungen vom menschlichen Leben und seinen Rahmenbedingungen.

Im Jahre 1222 traf der Mongole Dschingis Khan mit dem Taoisten Ch'iu Ch'ang-ch'un (*Ch'ang-ch'un* bedeutet »Ewiger Frühling«) zu einem aufschlussreichen Gespräch zusammen.[188] Der Herrscher der Mongolen hatte im Jahr 1219 durch Liu Chunglu, einen chinesischen Arzt in seinem Gefolge, den Taoisten einladen lassen, zu seiner Winterresidenz in das Karakorum-Gebirge zu kommen, an einen Ort nahe dem heutigen Kabul. Der

Taoist folgte diesem Ruf; gut zwei Jahre später traf er – aus Peking kommend – bei Dschingis Khan ein.

Der Mongole hatte zuvor von Liu Chung-lu erfahren, dass der Taoist über die Techniken der »Langlebigkeit« verfüge und in China einflussreich sei. Beide Aspekte mögen den Khan bewogen haben, Ch'iu Ch'ang-ch'un einzuladen, wobei das lange Leben wohl doch im Mittelpunkt des Interesses gestanden haben dürfte. Denn das interessante Gespräch nahm seinen Ausgang von der Frage des Khans nach der »Kunst des langen Lebens«, die der Taoist aber sogleich zurückweisen musste. Er habe nur eine Methode, »das Leben zu pflegen«, meinte er bescheiden.

Die wichtigsten Ausführungen des Taoisten in unserer Quelle, im »Bericht zur gefeierten Begegnung mit dem Taoismus« (das Vorwort datiert aus dem Jahr 1232), seien im Folgenden in den wesentlichen Teilen paraphrasiert.[189]

Vorweg sei noch bemerkt, dass im Vorwort zu diesem Text die Reise des Taoisten »nach Westen« mit jener Westreise Lao-tzus über den Han-ku-Pass verglichen wird, als deren angebliches Resultat wir heute das *Tao-te ching* besitzen. Auch die Etablierung des Buddhismus in Indien durch Lao-tzu (»Bekehrung der Barbaren«) wird in propagandistischen Schriften mit seiner Westreise verbunden, gewissermaßen als Kulturtat. In dieser Nachfolge soll also Ch'iu Ch'ang-ch'un stehen!

Der Taoist erklärte dem Mongolen, dass das Tao den Himmel gebäre und die Erde nähre. Sonne und Mond, Sterne und Planeten, Dämonen und Geister, Menschen und Wesen würden alle aus dem Tao geboren. Die Menschen wüssten nur, dass der Himmel groß sei, sagt der Taoist, sie wüssten nicht um die Größe des Tao. Er selbst führe ein Leben unter Aufgabe seiner Verwandtschaftsbeziehungen außerhalb seiner Familie, nur um ebendieses Tao zu studieren.

Das Tao hat, so Ch'iu Ch'ang-ch'un, Himmel und Erde hervorgebracht. Sie entwickelten sich und erzeugten so auch den Menschen. Als der Mensch erstmals ins Leben gekommen sei, sei er voll des göttlichen Strahlens gewesen. Seine Schritte seien leicht und fliegend gewesen. Die Erde habe Pilze hervorgebracht, die süß geschmeckt hätten. Die Menschen hätten diese Pilze gegessen, ohne sie zu kochen oder zu rösten. Zu dieser Zeit habe es noch keine gekochten Speisen gegeben. Allmählich aber sei es dazu gekommen, dass der Leib schwer geworden und sein göttliches Strahlen in der Folge erloschen sei.

Der wahre Grund hierfür liege in den amourösen Begierden. Deshalb liebe der Student des Tao nicht Orte, die seine Zeitgenossen lieben, und wohne nicht, wo seine Zeitgenossen wohnen. Er verzichte auf Sex und Frivolität, um an Reinheit und Ruhe seine Freude zu finden. Wer nämlich Anbindungen an weltliche Dinge und Belange pflege, der könne das Tao und seine Wirkungen nicht verstehen.

Wenn die Augen Farben sehen, die Ohren Laute hören, der Mund schmecke, die innere Natur nach Emotionen und Gefühlen strebe, dann zerstreue sich der Lebensodem *(ch'i)*. Zum Vergleich dient dem Taoisten ein Ball. Wenn er voller Luft sei, dann sei er gesund. Verliere er hingegen Luft, dann sei er eben nicht gesund. Der Mensch werde vom Lebensodem als dem wesentlichen Element beherrscht. Wenn die Menschen aber Materiellem nachjagen, ihre Gedanken in Unruhe und Bewegung halten, dann zerstreue sich der ursprüngliche Odem, und das sei ebenso, wie wenn sich die Luft im Ball verflüchtige.

Der Himmel, sagt Ch'iu Ch'ang-ch'un, habe zwei Wesen geboren, nämlich Lebewesen und Pflanzen. Gräser und Gehölze seien Pflanzen. Sie würden gesät und hätten kein Wissen, keinen Willen oder Gefühl. Regen und Tau benetzten sie. So erhielten sie von selbst, gewissermaßen aus sich heraus, ihr Leben und ihre Blüte.

Das menschliche Wesen – der Mensch – sei etwas, was zum Bewegten, d.h. zu den Lebewesen, gehöre. Er sei in Bewegung und zeige Emotionen. Er habe von sich aus keine Kleidung und keine Nahrung. Weil der Mensch sich notwendigerweise geschäftiger Betriebsamkeit hingebe, weil er den ganzen Tag unablässig zugunsten von Leib und Magen aktiv sei, sterbe er zwangsläufig.

Nun, der Mann sei *yang* und gehöre zum Element »Feuer«. Die Frau sei *yin* und gehöre zum Element »Wasser«. Allein *yin* könne *yang* schwächen und zerstreuen. Wasser könne Feuer überwinden. Der Student des Tao werde daher als Erstes sein sexuelles Leben einschränken und sich enthalten.

Wenn der Mensch umtriebig sei, um Kleidung und Nahrung zu erhalten, so bemühe er seine Gedanken, und obgleich er dabei seinen Lebensodem *(ch'i)* zerstreue, sei es doch relativ wenig, was er verliere. Wenn er aber auch noch nach Sex giere, so verringere er seine Feinessenzen *(ching)* und spirituellen Kräfte *(shen)*. Auch der Lebensodem *(ch'i)* werde so in großem Maße zerstreut.

Das Tao bringe zwei Grundkategorien hervor: Das Leichte, Reine sei es, das den Himmel bilde. Der Himmel sei *yang* und gehöre zum Element »Feuer«. Das Trübe, Schwere hingegen bilde die Erde. Die Erde sei *yin* und korrespondiere mit dem Element »Wasser«. Der Mensch wohne dazwischen, in der Mitte. Er schultere *yin* und umfange *yang*. Der Adept des Tao wisse also, dass es die Selbstkultivierung verlange, luxuriöse Lebensweisen aufzugeben und die Begierden abzustellen, die Feinessenzen zu sichern und die spirituellen Kräfte zu fixieren.

Nur in der Sublimierung von *yang* werde erreicht, dass *yin* beseitigt werde und *yang* vollständig sein könne. Sodann erhebe sich der Betreffende und sei ein Unsterblicher *(hsien)*, ein mit dem Auflodern von Feuer vergleichbarer Vorgang. Menschen, die in dieser Angelegenheit dumm und verwirrt seien, gingen ihren Emotionen nach, folgten ihren Begierden, verminderten so ihre Feinessenzen und verlören auch ihre spirituellen Kräfte. Dies führe dazu, dass *yang* verfalle und *yin* aufblühe. Folglich werde ein solcher Mensch ein Dämon, wenn er nach seinem Tod in die Erde sinke, vergleichbar dem Wasser, das in der Erde hinabfließe.

Ch'iu Ch'ang-ch'un ergeht sich nun in langatmigen Ausführungen zur Schwierigkeit, die taoistische Selbstkultivierung tatsächlich zu realisieren. Dabei sei diese doch eine Angelegenheit für die gewöhnlichen Menschen.

Die Theorien für den Himmelssohn freilich seien davon verschieden, weiß der Taoist zu berichten. Der Himmelssohn bzw. Kaiser, hier also Dschingis Khan selbst, sei ursprünglich ein himmlischer Mensch gewesen. Der allmächtige Himmel gebe durch des Kaisers Hand seinen Befehl, das Morden einzustellen und von der rohen Gewalt zu lassen. Der Himmel befehle dem Kaiser, Vater und Mutter für alle Menschen zu sein, voller Achtung die himmlischen Strafen durchzusetzen und alle Schwierigkeiten zu überwinden. Wenn diese Leistung vollbracht sei, dann geschehe es, dass der Himmelssohn sich in den Himmel erhebe und dort wieder seinen Platz einnehme. Während der Zeit auf Erden aber solle sich der Himmelssohn bei den sinnlichen Freuden mäßigen, Speisen und Begehrlichkeiten drosseln. So erlange er denn einen heiligen Leib, friedvoll und ruhig.

Der gewöhnliche Mann, sagt Ch'iu Ch'ang-ch'un, habe nur eine Ehefrau und ruiniere sich doch mit ihr seinen Leib. Wie erst der Himmelssohn! In großer Zahl halte er sich Konkubinen! Wie sollte er da nicht schwere Verluste erleiden? Früher habe er, Ch'iu Ch'ang-ch'un, gehört, dass Liu Chung-lu in Peking und anderswo Jungfrauen ausgewählt habe, um sie dem Harem des Khans zuzuführen. In den taoistischen Schriften stehe jedoch geschrieben, man möge »nicht sehen, was Begierde erregt. Das allein lässt das Herz nicht in Unruhe geraten. Wenn man nämlich solches sieht, dann muss man das Herz beschränken, und das ist schwierig.«

Die Menschen hielten ihren Leib für das eigene »Selbst«. Der Leib aber sei eine ausgeliehene Sache, die von den Eltern empfangen werde. Die spirituellen Kräfte machten das wahre »Selbst« aus, das aus dem Tao heraus empfangen werde. Das sei es, was im Wachen wie im Schlafen Gedanken hegen könne. Wenn man Gutes tue, sein Tao erfülle, dann erhebe man sich in den Himmel und sei dort ein Unsterblicher *(hsien)*. Tue man Böses und wende sich vom Tao ab, dann sinke man als Dämon in die Erde.

Das Tao gebäre eben alle Lebewesen, wie zum Beispiel Metall Gefäße bilden könne. Wenn ihre Formen wieder eingeschmolzen würden, dann würden sie wieder zu Metall. Wenn der Mensch sich im Guten übe, dann gehe er wieder ein in das Tao.

Die Menschen betrachten die Musik, Kleidung und Nahrung der Menschenwelt als begehrenswerte Objekte. All dies aber bedeute nicht die »wahre Freude«, sondern meine grundlegend Kummer und Leid. Die Menschen dieser Welt hielten Falsches für Wahres, Kummervolles für Freudiges. Sie wüssten nicht, dass der Aufstieg in den Himmel die höchste Freude bedeute.

Ch'iu Ch'ang-ch'un hebt nun zu einem Exkurs über die Geschichte des Taoismus an, von dem nur einige Aussagen wiedergegeben seien. Der Taoist erklärt, dass zur Zeit der Östlichen Han-Dynastie Kan Chi die Schrift *T'ai-p'ing ching* in 150 Kapiteln erhalten habe, die Anweisungen zur Kultivierung der Vollkommenheit und zur Verwaltung des Staates enthielten.[190] Die Taoisten rezitierten sie, praktizierten die hier gegebenen Anweisungen und vermochten es so, das Glück zu ergreifen und ihre Wesensbestimmung, ihr Tao zu vollenden.

Im Jahre 155 n. Chr. unter Kaiser Huan habe sich T'ai-shang Lao-chün in Szechwan dem Himmelsmeister Chang Tao-ling gezeigt und ihm die Schriften *Nan-tou* und *Pei-tou* übergeben. Dazu habe er ihm noch die »Register der vierundzwanzig Ränge« gegeben sowie all die »Schriften und Verzeichnisse in über eintausend Kapiteln«.[191]

In der Zeit der Nördlichen Wei-Dynastie (4. bis 6. Jahrhundert n. Chr.) habe der Himmelsmeister K'ou Ch'ien-chih am Berg Sung gewohnt.[192] Von T'ai-shang Lao-chün habe er mehr als sechzig Kapitel taoistischer Schriften übermittelt bekommen, die alle Fertigkeiten der Kontrolle des Geistes, der taoistischen (priesterlichen) Profession, des Betens um Glück, der Bannung von Katastrophen, des Exorzismus und der Krankenheilung enthielten.[193]

Bei all diesen Schriften gehe es T'ai-shang Lao-chün letztlich darum, die Menschen dazu zu bringen, Gutes zu tun und so schrittweise dem Tao nahe zu kommen. Nach oben hin betreffe das Kaiser und Könige, nach unten hin das Volk und die Gemeinen. Verehrungswürdige und Geringe, obgleich unterschiedlich, seien doch in ihrem Sein und in ihrer Existenz einander gleich.

Kaiser und Könige aber seien allesamt himmlische Menschen, die in der Menschenwelt lebten. Wenn sie nun auf Erden Gutes tun, sich um das Glück der Menschen Verdienste erwerben würden, dann nähmen sie, wenn sie wieder in den Himmel aufführen, einen Rang ein, der über ihrem früheren himmlischen stünde. Wenn sie aber nichts Gutes tun würden, nicht auf glückliche Taten hinarbeiteten, so trete das Gegenteil ein.

Es sei eben so, dass den himmlischen Menschen, deren Leistungen zu gering und deren Verhaltensweisen nicht gut genug seien, wieder befohlen würde, in die Welt herabzusteigen, glückliche Taten zu vollbringen und dem Volk zu helfen. Erst dann würden sie einen höheren Rang im Himmel erhalten.

Ch'iu Ch'ang-ch'un weiß zu berichten[194], dass »früher« Hsüan-yüan, also der »Gelbe Kaiser«, auf Anweisung des Himmels in die Welt herabgekommen sei. Zuerst sei er »im Volk« gewesen, beim zweiten Mal in der Welt sei er Beamter und beim dritten Mal in der Welt sei er Herrscher gewesen. Er habe der Welt geholfen, das Volk befriedet und Tugendverdienste akkumuliert. So sei sein Rang jeweils höher und ehrwürdiger geworden als zuvor.

An den Mongolen Dschingis Khan gewandt, erklärt Ch'iu Ch'ang-ch'un, dass es für ihn auch keine andere Methode gebe. Er solle nach außen hin die »verborgenen Tugenden« kultivieren, nach innen die Feinessenzen *(ching)* und spirituellen Kräfte *(shen)* sichern. Das Volk zu retten und die Massen zu beschützen, das ganze Land in Frieden sein zu lassen – das sei die Betätigung des Mongolenherrschers nach außen. Die Begierden einzuschränken und die spirituellen Kräfte zu bewahren sei Aufgabe seiner inneren Kultivierung. Der Taoist betont also, dass Gier, Begierden und sexuelle Ausschweifungen den Feinessenzen schaden und den Lebensodem verringern würden, was zu physischem Ruin führe.[195]

Dies ist das große, spezifische Thema des Taoisten. Wenn der Odem vollständig sei, führt Ch'iu Ch'ang-ch'un an, so lebe man. Wenn er verloren sei, so sterbe man. Sei der Odem üppig, so sei der Mensch stark. Wenn der Mensch stets verhindern könne, dass sich der Odem zerstreue, so sei dies, wie wenn ein Kind seine Mutter bei sich habe. Zerstreue sich der Odem, so sei dies, wie wenn ein Kind verwaist sei. Worauf sollte es sich stützen? Die spirituellen Kräfte und der Odem haben die völlig gleiche Funktion, die Feinessenzen und das Mark stammen aus gleicher Quelle.[196]

Der Mongolenherrscher nun solle versuchen, nur einen Monat lang ruhig, alleine zu schlafen, und er würde verspüren, dass die spirituellen Kräfte und Feinessenzen rein, gesund und voller Leben, die Muskeln und Knochen stark und gesund seien. Die

Alten sagten, führt der Taoist an, »Medizin an eintausend Tagen ist nicht so gut wie eine Nacht allein«[197].

Dieses Thema breitet Ch'iu Ch'ang-ch'un groß aus, um dann zur Lebensbestimmung von Kaisern und Herrschern mit einem »historischen« Beispiel zurückzukommen. Der Sung-Kaiser Hui-tsung, der von 1100 bis 1126 n. Chr. regierte, selbst ein »himmlischer Mensch«, sei vom göttlichen Unsterblichen, dem Taoisten Lin Ling-su, auf eine spirituelle Reise geführt worden, und zwar hinauf in den Himmel und hinein in die Paläste, die sie »früher« bewohnt hätten. Am Torschild habe geschrieben gestanden: »Göttliche Himmelssphäre« *(shen-hsiao)*.

Der Kaiser habe dort oben keinen Hunger und keinen Durst verspürt. Es sei ihm nicht kalt und nicht heiß gewesen. Er habe sich in einem Zustand völliger Freiheit befunden, ohne konkrete Belange und voller Freude aus sich selbst heraus. Der Sung-Kaiser habe dort oben länger wohnen bleiben wollen und keinen Wunsch verspürt, wieder in die Menschenwelt zurückzukehren. Sein taoistischer Begleiter aber, Lin Ling-su, habe ihn ermuntert und gesagt: »Majestät, der Himmel befiehlt, dass Sie in der Menschenwelt als Himmelssohn herrschen. Das Maß Ihrer Herrscherleistung ist noch nicht vollendet. Wie könnten Sie hier oben wohnen bleiben dürfen?« Daraufhin sei Sung Hui-tsung wieder in die Menschenwelt hinabgestiegen.[198]

Soweit die ebenso fundamentalistischen wie populären und gut verständlichen Darlegungen des Ch'iu Ch'ang-ch'un, der freilich noch mehr physiologische Details ausführt. Seine wesentlichen, spezifischen Aussagen seien in Kürze zusammengefasst.

Zunächst sei bedacht, dass der Taoist seine Ausführungen für eine politische Botschaft nutzt, alles im Gewande taoistischer Überzeugungen. Für den Khan als Herrscher würden auf Erden besondere Regeln gelten, entsprechend seinem ursprünglichen Wesen als »himmlischer Mensch«. Das politische Motiv liegt auf der Hand. Die Mongolen sollen mit China schonend verfahren und die sich anbahnende Eroberung des Landes möglichst durch kooperative Verfahren bewerkstelligen, was hier nicht weiter vertieft werden soll.[199] Für unser Thema besonders interessant sind die Aussagen zur Natur des Menschen.

Die menschliche Natur wird durch die beiden Grundaspekte *yang* und *yin* bestimmt, wobei *yang* das positive Element darstellt, welches das leichte, nach oben zum Himmel hin und zum ewigen Leben strebende Moment darstellt. Der gewöhnliche Mensch lässt sich durch die Betriebsamkeit der Welt, seine Begierden, seine emotionalen und physischen Verbindungen (Sozialbeziehungen, Sexualität) vom Studium des Tao der »Langlebigkeit« abbringen. So ruiniert er durch die mit *yin* verbundenen oder zu identifizierenden Einflüsse seine himmlische Lebensgabe. Krankheit, Alter und Tod sind die Folgen. Am Ende steht eine Schattenexistenz als Dämon »in der Erde«, unten im Bereich des Trüben.

Ursprünglich hatte der Mensch demnach einen Leib, der leicht und schwebend schien. Der Mensch, von strahlender Erscheinung, konnte ohne gekochte und geröstete Speisen auskommen. Die Abkehr von dieser Diät wird als eines der Hauptübel verstanden. Ein Großteil der Schriften im taoistischen Kanon ist in der Tat dieser Thematik gewidmet. Durch das Absetzen von »Getreidespeisen«, von Fleisch und Alkohol, die in den Därmen übel riechende Schlacken erzeugten und die Körpergötter aus ihren Palästen scheuchten, soll letztlich jener Urzustand der schwebenden Leichtigkeit wieder hergestellt werden.[200]

Speziell in Texten der Shang-ch'ing-Gruppe wird ein solches Vorgehen beschrieben und empfohlen. Es sei bemerkt, dass sich die empfohlene asketische Diät nicht als Selbstzweck darstellt, sondern als Teil eines mit Meditation (gerichtet auf körperliche und kosmische Gottheiten) und Gebeten *umfassend* gestalteten

Lebensweges. Zu diesem Lebensweg gehört das Zölibat, das zumeist in einer späten Lebensphase verwirklicht wurde, und dann wohl nur von herausragenden Taoisten, wie z.B. vom früher schon genannten Lu Hsiu-ching.[201]

Erst im 12. Jahrhundert, als in Nord-China der Ch'üan-chen-Taoismus (»Vollkommene Verwirklichung« oder »Vollkommene Integrität«) als klösterliche Form des religiösen Taoismus entstand, wurde das Zölibat formal zur verbindlichen Norm. Ch'iu Ch'ang-ch'un war ein Vertreter ebendieses Ch'üan-chen-Taoismus, der es natürlich nicht versäumte, dem Mongolenherrscher von seiner Schule und ihren besonders erfolgreichen Exponenten, zu denen er auch sich selbst zählte, zu berichten.[202]

Es ist wichtig zu wissen, dass Puritanismus bzw. Askese als Mittel der Selbstkultivierung für den Adepten, der seine irdische Existenz sublimieren will, um die physische und psychische Beschränktheit des Menschenlebens hinter sich zu lassen, immer eine Möglichkeit im religiösen Taoismus war und ist. Es war und ist Überzeugung der Taoisten, der angenommenen Göttlichkeit des Seins im Menschen selbst gerecht werden zu können und diese in sich selbst wiederzufinden. Dies bedeutet im taoistischen Sinne das Eingehen in die Unsterblichkeit oder das Erreichen der »Langlebigkeit«.

Da niemand um die innere Vollkommenheit seines Nächsten weiß, ist es möglich, dass man von »unerkannten Unsterblichen« umgeben ist, was das Verhalten gegenüber den Mitmenschen bestimmen sollte. Der Ch'üan-chen-Taoismus hat solche Vorstellungen in besonderer Weise aufgenommen und mit den Formen des priesterlichen Taoismus *(cheng-i tao)* verbunden, was uns in einem späteren Kapitel beschäftigen wird.

Vergeltung und Prädestination als Komponenten im religiösen Taoismus

»Vergeltung« und »Prädestination« sind zwei Begriffe aus der Religionsgeschichte, die allgemein mit dem Buddhismus assoziiert werden. Beide Konzepte haben aber auch für den religiösen Taoismus eine erhebliche Bedeutung, was in diesem Abschnitt durch einige Berichte aus der taoistischen Literatur illustriert werden soll.

Bereits im *T'ai-p'ing ching* wird deutlich dargestellt, dass der Lebensraum des Menschen eine ausgeprägt religiöse Bedeutung hat. »Mutter Erde« z.B., eine göttliche Instanz, könne den Menschen durch »Dämonenboten« mit Krankheiten und Epidemien bestrafen lassen. Grund für solche Strafaktionen seien die Siedlungsaktivitäten des Menschen, die tief in die »Haut der Mutter« hinein Brunnen bohrten und diese so verletzten. Die Wasseradern seien die Blutbahnen der Mutter, die Steine und Felsen ihre Knochen. Sie würden alle beschädigt, wodurch der Zorn der Mutter hervorgerufen würde. Schlimm seien auch Brunnenbohrungen und Erdbewegungen in Ufernähe, bei Flüssen und Seen, wo die Haut der Mutter Erde dünn sei. Die Menschen sollten dagegen die natürlichen Quellen nutzen, gewissermaßen die Brüste der Mutter.[203]

Diese Vorstellung, dass Krankheit und Unglück durch schuldhaftes Verhalten, also durch Verfehlungen religiöser Qualität, ausgelöst würden, ist eine alte Vorstellung, die bei der Entstehung des religiösen Taoismus mit Pate stand.[204] Im Bericht des Ch'iu Ch'ang-ch'un für Dschingis Khan wird von einem besonderen kausalen Zusammenhang zwischen der transzendenten Welt und dieser irdischen, profanen berichtet. Herrscher und Kaiser handeln nicht nur im Auftrag des Himmels, sie sind genau besehen Teile des Himmels, indem sie aus ihm exiliert wurden, um sich auf Erden zu bewähren. Erst wenn sie erfolgreich als gute Herrscher gewirkt haben, können sie wieder in den Himmel zurückkehren, und zwar auf einen besseren Rang, als sie zuvor innehatten.[205]

Es kann festgestellt werden, dass im religiösen Taoismus der Mensch generell – von Ch'iu Ch'ang-ch'un aus nahe liegenden Gründen auf den Herrscher zugespitzt – von himmlischer Natur ist und sich in einem Lebenszyklus zwischen Himmel *(yang)* und Erde *(yin)* befindet.

Diese Ausführungen können auch mit den chinesischen Vorstellungen von »seelischen« Elementen verbunden werden, die aus einer anderen Perspektive die Existenz des Menschen und die Bedingungen für deren Pflege bestimmen. Hierbei handelt es sich um die spirituellen drei Hun-Seelen und die dem Leiblichen zugeordneten sieben P'o-Seelen. Ihr Bestand wie auch ihr Zustand hängen vom aktiven Verhalten des Menschen ab, der durch Selbstkultivierung, d.h. Diät, Meditation und Gebet, Möglichkeiten der aktiven Einwirkung auf diese spirituellen und physischen Komponenten seines Seins hat, ungeachtet aller Dokumentationen, die eine Prädestination als Element im religiösen Taoismus belegen.[206]

Ohne Zweifel, die historisch gegebenen Ausformungen der Idee der Wiedergeburt im religiösen Taoismus sind ohne buddhistische Einflüsse nicht denkbar, wenn auch die Voraussetzung für das Gedeihen dieser Vorstellung sicher schon vor dem Aufblühen des chinesischen Buddhismus bestand. Diese Voraussetzung sehen wir in der Anteilhabe des Menschen an verschiedenen Realitätsebenen, nämlich der irdischen und der transzendenten, spirituellen. In diesem Punkt sind die »Körpergötter« die relevanten Bezugselemente, indem sie das Menschenleben an sich über die Profanität hinaus erheben.

Das Verhältnis des Individuums zu diesen göttlichen Instanzen in seinen inneren Sphären ist, wie gesagt, mit Meditation, Gebet und einer integren Lebensführung umfassend zu gestalten. Der bewussten, eigenverantwortlichen Lebensführung kommt in diesem Sinne im religiösen Taoismus höchste Bedeutung zu. Hiermit verbindet sich generell aber auch die Vorstellung des religiös »Verdienstvollen«.

Die Enzyklopädie *San-tung chu-nang* aus der T'ang-Zeit enthält zahlreiche, in diesem Sinne wichtige Einträge unter dem Titel »Verdienste erwerben und Verbote beachten«. Sie zeigen eine einzigartige Verbindung von religiösen Konzepten mit praktischen, teils exorzistischen Mitteln, die jedoch wiederum nur unter dem Gesichtspunkt des Mechanismus von »guter« oder »böser« Tat bzw. Vergeltung und Wiedergeburt verständlich sind.

So heißt es hier etwa, dass die Taoisten, die an ihrem Gürtel (näher bezeichnete) wahre Schriften mit sich trügen, beachten müssten, dass sie ihren Körper niemals, auch ruhend oder schlafend nicht, entblößten, um nicht die Körpergötter zu stören und zu beleidigen. Andernfalls nämlich entfernten sich diese göttlichen Kräfte vom Körper des Betreffenden, und die zerstörerischen Kräfte, genannt »Drei Leichname«[207], allein seien präsent und würden wirksam. Bei einer dreimaligen Verfehlung dieser Art könne man kein Unsterblicher mehr werden. Bei fünfmaliger Verfehlung komme man im Falle des Todes in die Hölle und erlange keine Wiedergeburt mehr als Mensch. Auch erfahren wir, dass die mit den Schriften ausgestatteten Meister keine Tränen vergießen und sich nicht mit Trauerfällen befassen dürfen. Auch hier wird bei Verfehlungen eine Wiedergeburt »nicht in der Art der Menschen« angedroht.

Die Taoisten hätten ihre Gedanken auf die höchsten Lehren zu konzentrieren und die Verehrung des »Höchsten Einen« *(T'ai-i)*[208] zu betreiben. Ihnen sei es daher verboten, Leichname und blutige, schmutzige Dinge zu sehen. Sollte dies aber geschehen, so sollten sie ein bestimmtes Pulver in Wasser auflösen, um sich damit die Augen zu waschen, um zu gurgeln und Hände und Füße zu reinigen. Sodann sei leise ein Gebet zu sprechen, welches das »oberste Tao der drei Strahlenden« anspreche sowie T'ai-i, die Gottheit, die den Leib beschütze. Alles Schmutzige und Unreine würde auf diese Weise beseitigt werden.

In jener Enzyklopädie steht auch, dass die Taoisten Methoden empfangen haben, die mit dem Leben befasst seien, und so dürften sie nicht vom Tod reden. Andernfalls würde ihr Lebensodem in Aufruhr geraten und nicht in seinem Logis (i.e. im Menschenleib) bleiben. Der Odem des Todes würde in den Körper eindringen, die Hun-Seelen und die Gottheiten würden den Betreffenden aufgeben. Schlechter Odem und die »Leichname« würden also Position beziehen, was den Beginn von Krankheit und Tod einläuten würde.[209]

Zur Lebensführung der Taoisten seien hier nun noch weitere Ausführungen ähnlicher Art präsentiert. Alle Taoisten, welche die höchste Initiation erhalten hätten und den rituellen Dienst gegenüber den Gottheiten Tz'u-i und T'ai-i ausübten, heißt es da, sollten den Odem der drei Hun-Seelen und der fünf Gottheiten im eigenen Leib beachten. Diese erzeugten in Binden und Kleidern einen eigenen Duft. Die Feinessenzen der sieben P'o-Seelen und der neun magischen Kräfte verweilten beständig unten in den Schuhen. Es sei geboten, dass die Taoisten und ihre Schüler getrennt, also nicht auf einer Matte schliefen. Auch würden sie deshalb keine Kleidungsstücke und Hemden ausleihen oder austauschen. Wenn es sich nicht um die eigenen Utensilien handele, so seien sie gewöhnlich mit (fremdem) Schmutz behaftet, was hier wohl den »Duft« anderer bedeutet.[210]

Wie sehr die Vorstellungen von den inneren göttlichen Kräften und ihrem Einfluss auf den Verlauf des Lebens einen bestimmenden Faktor ausmachen, zeigen folgende Einträge in der genannten Enzyklopädie. Alle Taoisten, die sich auf die Dienste an der Gottheit T'ai-i konzentrierten, sollten bei weltlichen Ehrerweisen darauf achten, keine Kotaus zu machen. Die inneren Gottheiten würden nämlich dabei in Erregung versetzt bzw. umgedreht. Der Ni-wan-Palast im Kopf des Menschen und mit ihm die innewohnende Gottheit, Lord Ni-wan, würden umgedreht und auf den Kopf gestellt, der »Lord des Himmels« schreie in seinem »Erdpalast«. Die Gottheit T'ai-i weine im mittleren Zinnoberfeld.[211] Wer solches mehrfach verursache, für den habe alle Meditation keinen Sinn mehr.

Der Leser wird auch instruiert, dass der Adept keine bunten Kleider tragen und zur Schau stellen dürfe, da sonst die »vollkommenen göttlichen Kräfte« den Körper verließen. Schlechtes entfalte sich im Körper, das Herz spiele verrückt, die »Leichname« fühlten sich wohl, der Körper sterbe letztlich ab, und selbst der individuelle Name des Betreffenden sei in den himmlischen Registern ausgelöscht.[212]

Vergeltung vermeidet der Taoist also zunächst durch die Selbstkultivierung, durch die Einhaltung von bestimmten Verhaltensregeln, die sich an den Erfordernissen der professionellen, priesterlichen Ausstattung mit »heiligen Schriften« und der Funktion als »Meister des Tao« orientieren. Die spirituelle Macht des Priesters und ihre Bewahrung münden in die Fähigkeit, »auf Wolken und Drachen zu den Polen zu reisen« bzw. ein Unsterblicher zu werden. Das verstehen wir als eine Form des Ausbrechens aus eigenem Antrieb aus dem Kreislauf der Wiedergeburten.

Natürlich ist der Taoist, wie jeder andere, in einen sozialen Lebensrahmen eingespannt. Auch hier sind die Verhaltensweisen unter religiösen Aspekten zu regeln, da das gegenwärtige leibliche Leben endlich ist und gewissermaßen nur eine Phase im Lebenszyklus darstellt.

In der frühen T'ang-Zeit hat ein unbekannter Taoist mit dem Ehrennamen Chin-ming Ch'i-chen (7. Jahrhundert) diese Verhältnisse systematisch in langen Auflistungen vorgestellt, geordnet nach positiven und negativen Aspekten. Es lohnt sich, seine Ausführungen in der Schrift »Regeln für die Annahme und Kultivierung des Taoismus gemäß den Tung-hsüan-, Ling-pao- und San-tung-Schriften« kurz zu betrachten.

Im Abschnitt »Vergehen als Auslöser von Vergeltung« heißt es etwa, wer Bildnisse der himmlisch Ehrwürdigen und der Repräsentanten des großen Tao zerstöre, der werde nach seinem Tod eine schier unendliche Zeit in diversen Höllen verbringen, bis er mit einer Hautkrankheit wiedergeboren werde. Ähnlich ergehe es demjenigen, der die Schriften und Manuale der »Drei Höhlen« *(San-tung)* herabsetze und verleugne. Er werde als wildes Tier wiedergeboren, aber als Mensch werde er (zuvor) eine verfaulende Zunge bekommen. Unter den sechs Haustieren werde wiedergeboren, wer religiöse Aktivisten, die zölibatär leben, verleumde. Zu Lebzeiten würde eine solche Person von Würmern und Hautkrankheiten geplagt werden. Wer sich gar hinreißen lasse, göttliche Tempel *(tao-kuan)* und taoistische Altäre zu zerstören, werde nicht nur Augenbrauen und Bart verlieren und physisch verfallen, er erlebe zudem eine Wiedergeburt als giftige Schlange. Wer nicht an die Schriften glaube, an ihre Lehren und an die »Vergeltung« an sich, die aus einer früheren Existenz herrühre, erblinde und werde taub. Die Wiedergeburt erfolge dann unter Vögeln und wilden Tieren.

Ein weiterer Eintrag scheint besonders bemerkenswert. Wer auch immer, heißt es da, sich an den besonderen, Glück bringenden Lokalitäten des taoistischen Lebens vergehe, der werde im gegenwärtigen Leben einen üblen Körpergeruch entwickeln und eine Wiedergeburt unter Schmutz und Fäkalien erleiden.[213]

Immer wieder erscheint in Variationen das Thema der Erhaltung bzw. der Zerstörung taoistischer Liegenschaften und Tempel. In Anbetracht der wiederkehrenden Auseinandersetzungen der Taoisten mit dem säkularen Umfeld wie auch mit der buddhistischen Konkurrenz ist das Thema »Besitzstand des Taoismus« (Immobilien) in der Literatur stark vertreten.

Der berühmte Taoist Tu Kuang-t'ing (850-933 n. Chr.) schildert in seinem »Bericht zu den wundersamen Erweisen des Taoismus«[214] teils beachtliche Ereignisse. So sei der Tempel Lung-hsing-Belvedere vormals eine weitläufige schöne Anlage gewesen, auf deren vier Seiten sich öffentliche Wege befunden hätten. Nur die Inschriftentafeln des großen Tempels, der Predigthalle und des »Jadeblumen-Palastes« seien noch erhalten gewesen. Da habe es einmal einen gewissen Wang Feng gegeben, der in der Lokalverwaltung tätig war. Er habe es unternommen, sich ein Privathaus zu bauen. Sein Grundstück sei aber tiefer gelegen und feucht gewesen. Er habe daher Arbeiter angestellt, welche die Lehmmauern des Haupteingangs des Lung-hsing-Belvedere einrissen und in großem Umfang das Erdreich des Tempelgrundstücks fortschafften, um eine Grundlage für jenes Privathaus zu schaffen. Noch vor Fertigstellung des Hauses seien einige der Verwandten des Wang Feng überraschend gestorben. Als er eines Abends heimkam, sah er zwei Leute in gelben Roben vor seinem Haus, die eine Untersuchung zur Wegnahme des Erdreichs vom Tempelgrundstück ankündigten. Als er antworten wollte und vom Pferd herabstieg, starb er.[215] Tu Kuang-t'ing weiß etliche Berichte dieser Art zu geben. Strafen als Vergeltung werden von ihm eindringlich als unausweichlich dargestellt, natürlich immer abhängig von der konkreten Tat des Menschen.

Die religiöse Definition des Bewegungsrahmens des Menschen wird noch offensichtlicher in der positiven Gegenliste Chin-ming Ch'i-chens. In Übereinstimmung mit den viel späteren Ausführungen Ch'iu Ch'ang-ch'uns gegenüber dem Mongolenherrscher postuliert Chin-ming Ch'i-chen (7. Jahrhundert), dass derjenige, der Schriften und Bildnisse herstellen lasse, Belvederes *(tao-kuan)* einrichte und die Menschen konvertiere, Schenkungen mache, faste und die Disziplinarregeln beachte und allen Wesen beistehe, als himmlischer König oder Staatenlenker (Kaiser) wiedergeboren werde.[216] Hier schließt sich der Kreis zu den entsprechenden Ausführungen gegenüber Dschingis Khan Jahrhunderte später. Die vielen anderen positiven Beispiele Chin-ming Ch'i-chens seien nicht mehr angeführt. Wesentlich geht es um die Bewahrung des positiven Leumunds speziell für die zölibatären Taoisten, um Glauben und um Hilfe für andere, was insgesamt letztlich zu einer guten Wiedergeburt führe. Hier ist wiederum ein gewisser »Mechanismus« erkennbar.

Vergeltung impliziert die Idee einer Prädestination, im positiven wie im negativen Sinne. Der öffentliche Aspekt ist hierbei nicht zu unterschätzen. Tu Kuang-t'ing bestätigt, dass Verwaltungsakte unter Umständen negative Folgen für den Verursacher haben können. Andererseits sind gute Taten, wie der Bau von Brücken, Wegen und Tempeln, eben nicht nur gegenüber der Öffentlichkeit wünschenswert und verdienstvoll. Sie vermögen es offenbar, auch eine negative Prädestination im gegenwärtigen Leben, etwa aufgrund von Verfehlungen gegenüber dem Taoismus in einer früheren Existenz, aufzuheben und positiv zu wenden.

Im Taoismus gibt es aber, wie wir schon gesehen haben, neben diesem populären, einprägsamen »Mechanismus« von Vergeltung und Prädestination noch den Ansatz der Eigenverantwortlichkeit, der sich in den Methoden der taoistischen Selbstkultivierung und in einer aktiven Gestaltung der Existenz realisiert bzw. äußert. Die Taoisten gehen davon aus, dass der Mensch als Embryo im Mutterleib die himmlische, vollkommene Fülle alles Lebenspotenzials empfängt. Dies ist ein ursprünglicher, vollkommener Lebenszustand, »früherer Himmel« genannt, der im postnatalen Leben verschwindet, und zwar durch Gier, Lust und die profanen Betätigungen. Ziel der taoistischen Selbstkultivierung muss es also sein, jene ursprüngliche himmlische Lebensgabe wiederzugewinnen. Das gelingt nicht jedermann, wohl aber dem Taoisten, der sich seiner Schriften und Ordination als würdig erweist.

In den Biografien und Hagiographien herausragender Taoisten erhalten wir regelmäßig den Hinweis auf eine wundersame Empfängnis der Mutter des betreffenden Meisters, die zumeist im Traum geschieht oder in Visionen himmlischer Sphären und Geschehnisse. Diese Schwangerschaften sollen oft relativ lange gedauert haben, wobei sich die Angaben zur Dauer offenbar an Zahlenemblemen orientieren. So seien z.B. im Fall des Gründers der Ch'üan-chen-Schule, Wang Ch'ung-yang (1112-1170 n. Chr.), Yang-Energien als Ersatz für Yin-Kräfte noch im Embryo im Mutterleib eingelagert worden. Die Schwangerschaft habe knapp über vierundzwanzig Monate gedauert. Daher sei es auch nicht verwunderlich, dass dieses Kind später ein besonderer Taoist geworden sei, der den Ehrennamen »Gedoppeltes Yang« trug.[217]

Es geht hier wiederum um die Eigengestaltung des Lebens und um Eigenverantwortlichkeit, welche die Mutter mit ihrer ungewöhnlichen Schwangerschaft anlegt. Diese Gabe wird dann im praktischen Leben als Taoist in der taoistischen Lebensführung realisiert.

Dies scheint ein eigenes, speziell taoistisches Modell der Prädestination zu sein, das parallel neben dem zuerst beschriebenen, mechanisch anmutenden besteht. Es fällt auf, dass das mechanische Modell von Vergeltung und Prädestination vorrangig in Schriften präsentiert wird, die eine gewisse Außenwirkung haben. Es handelt sich um »historische Dokumentationen«, die auch von der säkularen Elite zur Kenntnis genommen werden sollten.[218]

Das Modell der Eigenverantwortlichkeit des Taoisten aber entspricht den Konzepten von der Rolle, die beispielsweise *yin* und *yang* sowie die Hun- und P'o-Seelen im physiologischen Verständnis von der Natur des Menschen spielen, das Ch'iu Ch'ang-ch'un zumindest rudimentär dargestellt hat. Der Taoist allein vermag es, all diese Elemente zu kontrollieren und somit seine physische wie spirituelle Existenz zu gestalten, um sich schließlich selbst als Unsterblicher dem Zyklus von Vergeltung und prädestinierter Wiedergeburt zu entziehen.

Wir stellen fest, dass dieses Modell in taoistischen Schriften dominiert, die zum Bestand der exklusiven Shang-ch'ing-Literatur gehören, also nicht von vornherein auf Außenwirkung und Steuerung des sozialen Miteinanders von Taoisten, Administration und Laienwelt angelegt waren. Deutlich wird somit die Vielschichtigkeit möglicher Argumentationen im Taoismus, die einander nicht ausschließen, sondern nur jeweils unterschiedlichen Perspektiven entsprechen.

Schlussteil: Äußere und praktische Phänomene des religiösen Taoismus

Das taoistische Kloster *(tao-kuan)* als Zentrum und Fokus taoistischer Aktivitäten

Bereits im Zusammenhang mit den ersten Anfängen des religiösen Taoismus in der Östlichen Han-Zeit (2. Jahrhundert) wurde – sowohl in der T'ai-p'ing-Bewegung wie auch in der auf Chang Tao-ling zurückgeführten Schulgründung (Himmelsmeister-Taoismus) – auf die Einrichtung lokaler Zentren verwiesen. Sie dienten teils als Sammelstellen für Schriften, teils als Herbergen und religiöse Einrichtungen. »Weinzuteiler« *(chi-chiu)* lebten und agierten dort, betreuten Gäste mit Ritualen des Dämonenzwangs und der Befreiung von Sünden. Es wurde bereits ausgeführt, dass diese religiösen Einrichtungen nicht willkürlich in der Landschaft eingerichtet wurden. Die Gruppe der Himmelsmeister-Taoisten richtete ihre institutionellen Zentren, nämlich die so genannten »Amtsbereiche« *(chih)*, an ausgewählten Orten ein, zumeist an oder auf Bergen gelegen. Die Orte, an denen solche Einrichtungen entstanden, galten als »Glücksorte«. Sie waren Teil eines umfassenden Konzeptes der Parallelität oder Korrespondenz geographischer Orte mit astronomischen Daten, Entsprechungen im Sternenhimmel und kosmischen Energien.

Folgen wir Quellen aus der T'ang-Zeit, dann wurden zunächst im Jahre 142/143 n. Chr. vierundzwanzig »Amtsbereiche« eingerichtet, wobei die Zahl 24 den kosmischen Energien entspricht. Diese Zahl wurde dann im Jahr 196 n. Chr. um vier weitere Amtsbereiche *(pieh-chih)* auf achtundzwanzig erhöht, um der Zahl der »Mondhäuser« *(erh-shih-pa hsiu)* zu entsprechen. Dieses System, heißt es, sei eng mit den positiven Wirkungsweisen der Himmelsmeister verbunden gewesen. Sie arbeiteten auf das Erlangen der »Universalharmonie« *(t'ai-p'ing)* im Reich und in der Welt hin. Man war auch der Ansicht, dass dieses System bei der Ankunft des »Lords der Universalharmonie« *(t'ai-p'ing chün)* nochmals erweitert würde.[219] In der Tat gab es später noch etliche Erweiterungen, die vermutlich die zunehmende Ausdehnung des Einflussbereiches der Himmelsmeister dokumentieren.

Gemäß taoistischer Überlieferung wurde dieses an Zahlenemblemen orientierte religiöse und geographische System vom spirituellen Initiator des Taoismus, von der Gottheit T'ai-shang Lao-chün (Lao-tzu), etabliert und an Chang Tao-ling zur Verwaltung übergeben. Hierin sehen wir jedenfalls seine religiöse Legitimation und die Grundlage für die Entwicklung der späteren taoistischen Tempel bzw. Klöster, die *tao-kuan* genannt werden und ebenfalls stets an ausgesuchten Orten entstehen. Was bedeutet dieser Name?

Das Wort *»kuan«* kommt vor der T'ang-Zeit (7. Jahrhundert), sofern es die eben genannten Einrichtungen bezeichnet, in zwei Formen alternativ vor, ohne sachliche Unterschiede zu implizieren. Lexikalisch gesehen, bedeutet *»kuan«* zum einen »sehen« und »beobachten«, zum anderen »Herberge« oder »Hotel«. Dieser Unterschied wird natürlich durch verschiedene Schriftzeichen grafisch deutlich.[220]

Die Bedeutung »Herberge« verweist auf einen sehr einfachen praktischen Sachverhalt. In der Tempelherberge können Taoisten, oftmals auch Laien, fest oder vorübergehend logieren. Etwas aufschlussreicher und inhaltsschwerer ist dagegen die Bedeutung »sehen/beobachten«, aus der die Übersetzung und der Name »Belvedere« entstanden.[221] Die Erklärung dieses Namens führt uns wiederum zurück zu Lao-tzu und der ersten, frühen Phase des religiösen Taoismus.

In den »Einundachtzig Berichten zu den Inkarnationen und Wirkungen Lao-tzus« wird die folgende Darstellung gegeben:

»Als T'ai-shang Lao-chün zu den ›driftenden Wüsten‹ reisen wollte, [zeigte sich] zuerst purpurner Odem, der nach Westen über den Han-ku [-Pass] zog. Ein Astronom der Chou[-Herrscher], Yin Hsi, der dort als Paßwächter stationiert war, sah [den purpurnen Odem]. Da fastete er und reinigte sich, um [ihn] zu erwarten. Danach, am 12. Tag des 7. Monats kam T'ai-shang Lao-chün schließlich in einem Wagen mit einem grauen Rind als [Zugtier]. Yin Hsi sagte: ›Der Heilige ist da‹. Lao-chün sagte: ›Woher wissen Sie das?‹ Yin Hsi antwortete: ›Im vergangenen Winter war es, daß die T'ien-li-Sterne nach Westen ziehend über das Maß leuchteten. Seit dem Herbst gerade kamen dreimal frische Frühlingsbrisen bis hierher. Der vollkommene Odem von Ost und Süd nahm Gestalt an wie Drachen und Schlangen. Dies sind Wirkungen, [die anzeigen], daß ein Vollkommener kommen wird.‹«[222]

An diesem Text wird deutlich, dass das Logis des Passwächters Yin Hsi am Pass selbst eine Art »Büro« oder Observatorium war, von dem aus er die Ankunft des »Heiligen« (Lao-chün) durch natürliche Omina im Voraus feststellen konnte. Dies stellt die Verbindung her zur Bezeichnung »Observatorium« und »Belvedere« für die *tao-kuan*, die Menschen (Taoisten) und Gottheiten als Aussichtspunkte in die jeweils andere Realitätsebene dienen, wie sich zeigen wird.

Eine andere Tradition, die in der Schrift *Lao-chün sheng-chi* (»Bericht von den überragenden Wirkungen Lao-chüns«) belegt ist, führt a priori die Dimension der staatlichen Anteilnahme und des staatlichen Interesses ein, und zwar durch die angeblich überhaupt erste Einrichtung eines *tao-kuan* durch einen Herrscher der antiken Chou-Dynastie. Diese Tradition dient neben anderen der taoistischen Legitimation gegenüber der nationalen Administration späterer Epochen, was uns als wichtiger Hinweis auf die Einflusssphären und Aktivitäten der Taoisten gelten kann. Ein höchst bedeutsamer religiöser und imaginärer Hintergrund ist dabei in der angenommenen Existenz himmlischer Belvederes, d.h. himmlischer Residenzen von Unsterblichen und Gottheiten, zu sehen.[223] Sie sind gewissermaßen Vorbilder und ewige Realitäten, deren Abbilder und irdische Quartiere der Gottheiten eben die *tao-kuan* der Taoisten sind. Diesen Gedankengang verfolgen wir weiter.

Im *Lao-chün sheng-chi* heißt es also zunächst, dass es unter König Mu der Chou[224] jemanden aus dem Ort Hao-ching gegeben habe, einen gewissen Tu Ch'ung, mit dem »Großjährigkeitsnamen« Hsüan-i. König Mu habe ein Belvedere einrichten lassen und Tu Ch'ung dort als Taoist *(tao-shih)* eingesetzt. Tu Ch'ung habe es später erreicht, »Adept T'ai-chi« zu werden. Man wisse daher, heißt es in diesem Text, dass die Einrichtung von Belvederes in der Menschenwelt (früher schon) mit König K'ang der Chou begann.[225] Die Einsetzung von Taoisten in Belvederes aber habe erst mit König Mu der Chou begonnen.[226]

Zur Bezeichnung »Taoist« *(tao-shih)* wird im Text *Lao-chün sheng-chi* ausgeführt, dass sie schon am Tag der Trennung von Himmel und Erde entstanden sei. Die Bezeichnung »Belvedere der Unsterblichen« *(hsien-kuan)* sei in einem der Himmel, genannt Ta-lo-Himmel, entstanden, als sich Himmel und Erde unterschieden. Im Ta-lo-Himmel gebe es einen »Berg der Jade-Hauptstadt« mit dem »Belvedere der Unsterblichen der Himmlischen Hauptstadt«.[227]

Die idealen Dimensionen und Funktionen eines solchen »Observatoriums« werden deutlich, wenn wir z.B. die standardisierenden Darlegungen für die frühe T'ang-Zeit betrachten, die Chin-ming Ch'i-chen in seinen »Regeln für die Annahme und

Kultivierung des Taoismus gemäß den Tung-hsüan-, Ling-pao- und San-tung-Schriften« präsentiert hat.[228]

Von vornherein ist klar, dass der *tao-kuan* ein »Büro« darstellt, ein administratives Zentrum, dessen spezifischer Wert in seiner Brücken- oder Verbindungsfunktion u.a. zu jenen kosmischen Sternsphären besteht, die im Zitat aus dem *Lao-chün sheng-chi* angesprochen wurden.

Es sei sogleich erwähnt, dass von der »Herstellung von Bildnissen«, vom »Kopieren der heiligen Schriften«, von der Führung von Tempelbibliotheken bis zur »Bekehrung (Ordination) der Menschen« und diversen Ritualen die praktischen Aspekte der Berufspraxis der Taoisten umfassend im Belvedere konzentriert sind, was sich in den vielen Baulichkeiten widerspiegelt, welche die spezifischen Tätigkeiten beherbergen. Der Tempel bzw. Belvedere ist ein Spiegelbild des Berufs und der Funktionen der Taoisten.

Chin-ming Ch'i-chen erläutert zunächst die Vielzahl der transzendenten, göttlichen Sphären, so das Reich der »Drei Reinen«, die »Fünf heiligen Berge« und die »Grottenhimmel«, die alle Örtlichkeiten seien, an denen Heilige herrschten. Diese ließen die kosmischen Energien sich konzentrieren, um »Turmgeschosse«, »Hallen« und »Tempel« zu bilden. Manchmal auch ließen sie die Wolken sich verbinden, um Residenzen zu formen, wo die Gottheiten wohnen würden, oder diese wohnten in den Tortürmen astraler Konstellationen und von Sonne und Mond. Einige dieser kosmischen Quartiere entwickelten sich spontan, manche kämen durch die Bemühungen von Gottheiten zu einer Existenz, die viele *kalpas* über bestehen könne. Der Autor erwähnt Tempelorte aus der taoistischen Mythologie, wie das K'un-lun-Gebirge oder die Insel P'eng-lai.[229] Hierzu gebe es in der taoistischen Literatur viele Angaben, erläutert Chin-ming Ch'i-chen, und die Menschen müssten ihnen höchste Aufmerksamkeit schenken, um sich an ihnen zu orientieren.

Es sei so, dass die »obersten Himmel« die göttlichen Belvederes auf Erden einrichten ließen. Sie seien Glück verheißende Orte, wo die Unsterblichen ihre Wohnstätte hätten. Für die Anlage göttlicher Belvederes, ihre Orte und Gebäude, gebe es strenge Regeln, die zu befolgen seien. Es bestehen auf der Welt sechs Typen passender Örtlichkeiten für die Einrichtung solcher Belvederes: 1. Berge, 2. Städte und Vorstadtbezirke, 3. Paläste und deren Seitenanlagen, 4. Dörfer, 5. einsame Orte und 6. belebte Orte.

Auf der Werteskala stehen also Berge obenan, während allzu weltlichen, betriebsamen Orten geringere Noten zukommen. Dennoch handelt es sich in fast allen Fällen um Orte menschlicher Aktivität oder Interesses, wo sich übrigens auch die religiösen Einrichtungen der anderen Religionen, wie z.B. der Buddhisten, finden.

Alle diese Einrichtungen aber, wo auch immer, benötigen den materiellen Beistand und die Patronage von Kaisern und Königen sowie die Unterstützung für Unterhalt und Bautätigkeiten, die (nur) die höchsten Regierungsbeamten leisten könnten. Die Ordination taoistischer Priester und Nonnen, die Organisation und die materielle Unterstützung dieser Einrichtungen gehörten zu den religiösen guten Taten »ersten Rangs«, betont Chinming Ch'i-chen.

Aufschlussreich sind auch die vielen Teile oder Komponenten eines idealen Belvedere. So finden sich hier ein Tempel für die himmlischen Erhabenen, eine Halle der »Himmlischen Erhabenen, welche die Schriften predigen«, ein Tempel für die Darlegung der Lehrdoktrinen, ein Magazin für die Schriften, ein Glockenpavillon, Wohnquartiere für die Meister, Veranden, Korridore, Torbauten, Altäre, Räume für Fastenübungen, vegetarische Küchen, ein Ort für das Kopieren von Schriften und ein anderer für die Revision der Textfassungen, eine Halle für die Ausstellung von Schriften, eine Halle für das Trocknen der Schriften an der Luft, eine Halle für das Abbrennen von Weihrauch, eine Halle zur Aufbahrung Verstorbener, eine »Halle zum Empfang von Tao« (vermutlich eine Ordinationshalle), eine Meditationshalle, ein Hof für Reinigungen, ein Hof für Esel und Pferde, für Wagen, Kühe und Rinder sowie für Besucher (Laien).

Es wird ferner eine Reihe von spezifischen Türmen und Turmgeschossen angeführt, so ein Turmgeschoss für »die Suche nach der Vollkommenheit«, für Atemübungen, für die »Lehrdarlegungen zur Vollkommenheit«, für die »Inhalierung der leuchtenden Sphären«, für die »Erwartung der Unsterblichen«. Zuletzt wird noch eine Halle für das Mischen von Medizinen aufgeführt.

All dies soll umgeben sein von Kräutergärten, Bäumen und Gehölz, Teichen und Blumenrabatten. Der Unterhalt und die Reparaturen, die für diese Anlagen geleistet werden, bringen religiöse Verdienste in höchstem Maße ein. Diese und ähnliche Ausführungen des Autors belegen, dass sein Werk nicht nur für den internen Gebrauch im Zirkel der Taoisten bestimmt war.

Wir sehen so grundlegende Vorstellungen präsentiert, die eine durchgängige, fast osmotische Beziehung zwischen den weltlichen *(tao-kuan)* und den transzendenten *(hsien-kuan)* Realitäten eines taoistischen Tempels oder Belvedere bedeuten. Der Text von Chin-ming Ch'i-chen bewegt den Tempel bzw. Belvedere gewissermaßen von Sternkonstellationen, den himmlischen Residenzen der Unsterblichen, herunter auf die Erde, wo die Einrichtung und Unterhaltung von *tao-kuan* hervorragende Aufgaben gleichermaßen für die Taoisten und die weltliche Administration sind. Irdische Belvederes sind also Parallelstücke zu himmlischen. Wie sich diese Vorstellungen in der historischen und praktischen Realität äußerten, ist in den Quellen vieler Epochen der chinesischen Geschichte, speziell in lokalen Dokumentationen, gut belegt.[230]

Als Beispiel sei der Tempel des »Inspekteurs der Neun Himmel« genannt, der im Jahre 731 am Berg Lu in der Provinz Chiang-hsi durch den T'ang-Kaiser Hsüan-tsung eingerichtet wurde.[231] Damals entstand eine große taoistische Anlage in der Nähe von wesentlich älteren buddhistischen Klöstern[232], woraus auf die Intention des Staates geschlossen werden kann, die Balance zwischen den beiden Religionen zu wahren und zugleich eine angemessene lokale Präsenz des Kaiserhauses sicherzustellen. Dies erinnert uns entfernt an die angebliche Einsetzung des ersten *tao-shih* in einem Belvedere durch den Chou-Herrscher Mu, über die das *Lao-chün sheng-chi* berichtet. Diese Interaktion zwischen der irdischen Welt und den transzendenten Sphären – der »Inspekteur der Neun Himmel« hatte sich eine irdische Residenz gewünscht und dem Kaiser in einer Vision den Berg Lu als Logis bezeichnet – wird an einigen sehr speziellen Aktivitäten der Taoisten deutlich, die laut Chin-ming Ch'i-chen in einem Belvedere auszuführen sind. Diesen Aspekt wollen wir vertiefen.

Der ideale Tempel bzw. Belvedere enthält Räumlichkeiten, in denen Handwerker die Bildnisse von Gottheiten und Heiligen herstellen, die dann der religiösen Verehrung im Belvedere selbst dienen, die teils aber wohl auch im Auftrag von Privatpersonen gefertigt werden und anderswo Aufstellung bzw. Verehrung finden. Es ist höchst bedeutsam, dass es sich bei diesen Bildnissen um Ikonen im strengen Sinn des Wortes handelt. Chin-ming Ch'i-chen widmet der Herstellung von Ikonen einen eigenen Abschnitt im genannten Werk.[233]

Die »großen Bildnisse« haben keine äußere Form, sagt er, und in ihrer größten Perfektion auch keine Farben. Sie seien ganz klar, leer und ruhig. Weder das Sehvermögen noch das Gehör des Menschen könne sie erreichen. Nun sei es so, dass sie infolge kosmischer Veränderungen ihre Körper sichtbar werden ließen. Für nur kurze Zeit manifestierten sie sich, um dann wieder in einen verborgenen Existenzzustand zurückzukehren. Diejenigen Menschen, die auf diese Weise der »perfekten Bildnisse« ansichtig würden, konzentrierten ihre Gedanken auf sie, d.h. auf eben jene Erscheinungen der Gottheiten, die in Visionen wahrnehmbar würden. Diese Menschen könnten nun Farben, Metalle und Jade nehmen, sagt Chin-ming Ch'i-chen, um entsprechende Porträts und Statuen herzustellen. Wer sich auf diese Weise betätige, der stehe ganz am Anfang der Herstellung der Ikonen.

Es gebe sechs Formen der thematischen Darstellungsweise, die angemessen seien. So stelle man erstens die folgenden Gottheiten dar: Wu-shang fa-wang (»Allerhöchster König der Lehre«), Yüan-shih t'ien-tsun (»Himmelsehrwürdiger des Uranfangs«), T'ai-shang hsü-huang (»Allerhöchster Kaiser der Leere«), Yü-ch'en ta-tao (»Großes Tao des Jade-Morgens«), Kao-shang Lao-tzu (»Allererhabenster Lao-tzu«), T'ai-i t'ien-tsun (»Himmelsehrwürdiger Großer Einer«).

Gewissermaßen der zweite Rang komme der Darstellung der unermesslichen Heiligen, Perfekten und Unsterblichen zu, die sich im Reich der Drei Reinen, unterhalb des Ta-lo-Himmels und über dem T'ai-ch'ing-Himmel, befänden. Drittens gebe es die Heiligen, die in die »Zukunft schauen«, viertens die Perfekten und Unsterblichen der Sternkonstellationen, fünftens die Repräsentanten der unendlich vielen Kategorien von Heiligen, Perfekten und Unsterblichen und sechstens schließlich die Heiligen und Vollkommenen, welche den Karma-Ursachen entsprochen hätten.

Es wird hier also eine Typisierung aller Erscheinungen vorgenommen, die sich dem Taoisten visionär eröffnen könnten und welche die Handwerker dann praktisch umsetzen würden. Die Visionen oder Erscheinungen sind an kosmische Momente gebunden, in denen »wahre Bilder« aufgenommen werden können. Es soll sich demnach also nicht um freie künstlerische Imagination handeln, sondern um eine perzipierte Wahrheit. Es sei bemerkt, dass diese Wahrheit sich in inneren Visionen zeigt, im Zuge der meditativen inneren Begegnung oder Innenschau *(nei-kuan)*. Die Bedeutung dieses Themenkreises ist groß.

Die Vorstellung nämlich, dass die Gottheiten äußerlich erkennbar bzw. identifizierbar seien – Grundlage jeder Ikonographie –, verbindet sich mit dem Konzept der physischen und äußerlichen Statusmerkmale *(hsiang-hao)* der Gottheit und gleichermaßen des Menschen. Hierunter sind besondere physische Kennzeichen zu verstehen, z.B. Jade-Gesichter, Goldglanz am ganzen Körper, Heiligenschein, die Identitäten schaffen oder erkennen lassen.

Ebenso wie den Gottheiten sind den Menschen entsprechende äußere Zeichen eigen, aus denen etwa auf die hohe menschliche, gelehrte und spirituelle Qualität eines Taoisten geschlossen werden kann. Hier sehen wir die religiös begründeten Ansätze der chinesischen Weissagung aufgrund physiognomischer Eigenarten wie z.B. Hautflecken in der Anordnung von Gestirnen.[234]

Das Thema Ikonographie im religiösen Taoismus kann offensichtlich die Durchlässigkeit der menschlichen und göttlichen Sphären des Seins belegen, in gewisser Weise ähnlich der Anlage und Führung der *tao-kuan* selbst.

In Anbetracht unserer Ausführungen zur »heiligen Schrift« im religiösen Taoismus wird es nicht verwundern, wenn dieses Thema auch im Zusammenhang mit dem Belvedere eine Rolle spielt. Der Tempel bzw. Belvedere ist Zentrum für Aktivitäten der Revision, Edition, der technischen Produktion, der Aufbewahrung und religiösen Verehrung der taoistischen Schriften *(tao-ching).* Allein dem »Kopieren der Schriften« wird in unserem idealisierenden Text wiederum ein Abschnitt gewidmet, den es sich lohnt anzuschauen.[235]

Chin-ming Ch'i-chen beginnt mit der umfassenden Bedeutung der Schriften in himmlischen Sphären, wo sie eben nur allmählich, stufenweise und zunächst ausschließlich den Gottheiten zugänglich werden. Der Autor betont dabei die Genese der Schriften aus kosmischem Odem, was an anderer Stelle schon ausgeführt wurde.[236] Bereits in den himmlischen Sphären sollen die mysteriösen Instruktionen der zwölf Sektionen und der »Drei Höhlen« *(San-tung shih-erh pu)* des taoistischen Kanons existiert haben. Auch die »Vier unterstützenden Sektionen« *(Ssu-fu)* des Kanons werden genannt, die offenbar parallel zu den »Drei Höhlen« bestehen.[237] Unser Text widmet der Aussage viel Raum, dass die gegebene bibliographische Anordnung der kanonischen Schriften gewissermaßen vom Himmel gemacht wurde. Diesem Umstand müssen die menschlichen Anstrengungen Rechnung tragen, was sich zunächst an den Materialien zeigt, die für die Herstellung eines Kanons verwendet werden sollen.

Goldene und silberne Schreibtafeln, Steine für Gravuren usw. eignen sich, bis zuletzt auch Blätter von Bäumen als mögliches Schreibmaterial genannt werden. Der erste Rang gebührt offenkundig dem haltbarsten Material. Es seien alle Arten von Schreibtypen und Stilen zulässig. Wie auch immer, der taoistische Kanon kann auf ganz verschiedene Weise gruppiert und in der Tempelbibliothek aufgestellt werden. Seine Teile müssen klar lesbar beschriftet sein, und bei der Aufstellung sind diverse Regeln zu beachten. So dürfen z.B. die Bücher nicht auf dem bloßen Boden gestapelt werden. Der Kanon muss in unmittelbarer Nähe der Hallen bzw. Figuren der »Himmlischen Unsterblichen« aufgestellt werden.

Ein großer Aufwand kennzeichnet die Erstellung und Verwahrung der Schriften des taoistischen Kanons. So sind für das Kopieren und Trocknen der Schriften – eine arbeitsaufwendige Angelegenheit – eigene Räumlichkeiten im Belvedere einzurichten. Sie sind in einem eigenen Tempel unterzubringen und nicht für die Öffentlichkeit zugänglich zu machen. Damit verbunden sind die Räumlichkeiten für die »Revision der Schriften« und für das »Färben von Papier«. Dazu gehören natürlich eine Vielzahl von Werkzeugen, Handbücher, reine Kleidung usw., die alle zusammen dort aufgehoben werden, wo die Schriften selbst sind. Dieser Aufwand sagt viel über das Leben in einem Belvedere aus und belegt seine Funktion als Hort des Wissens und der Schriften, deren Bedeutung nicht hoch genug eingeschätzt werden kann.

An dieser Stelle will ich nochmals auf die zweite Bedeutung von *»kuan«*, nämlich »Herberge«, zurückkommen. Speziell in der sich in vielen Punkten an den Zen-Buddhismus anlehnenden taoistischen Ch'üan-chen-Schule (12./13. Jahrhundert) wurde eine ausgeprägte Klosterkultur gepflegt, wobei sicher die Mehrheit der – im Unterschied zu den Cheng-i-Taoisten – zölibatären Ch'üan-chen-Taoisten im *tao-kuan* untergebracht war. Hier ist der Charakter der »Herberge« deutlich, wenn es sich in der Regel auch vom Schriftzeichen her jeweils um ein »Belvedere« handelte. Chin-ming Ch'i-chen hatte in der frühen T'ang-Zeit jedenfalls einen ausgedehnten Tempel bzw. Belvedere entworfen, der hohen Idealen entsprach und in dem taoistische Meister offenbar auch zölibatär leben sollten. Sicherlich war damals die Konkurrenz der buddhistischen klösterlichen Kultur ein Motiv, das jenen Taoisten aus der T'ang-Zeit zu seinen Darlegungen drängte. Die feste und verbreitete Einrichtung einer subtilen Klosterkultur, verbunden mit dem Zölibat als Norm, ist im Taoismus eine relativ späte Erscheinung.[238]

Sicher kann man sagen, dass im Himmelsmeister-Taoismus *(cheng-i tao)* die Kultur des verheirateten »Taoisten am Herd« *(huo-chü tao-shih)*, der in seiner Familie lebte und in ihr sein Amt vererbte, vorherrschte. Hier führten die Ideale, die sich im Zölibat äußerten oder dieses verlangten, in – oft berühmten – Einzelfällen zum individuellen und singulären Lebensstil des Eremiten, der sich der Gesellschaft entzog – wie später, dann als Norm, der Ch'üan-chen-Taoist in seinem Kloster. In diesem Sinne scheint das individuelle, einzelgängerische Moment ein Spezifikum des religiösen Taoismus zu sein, bestens belegt in den vielen Biografien von Taoisten, die sich suchend durch das Land bewegten, im örtlichen *tao-kuan* (»Belvedere«) Herberge nahmen, eine Zeit dort verweilten, um als Exorzisten und Ritual-Experten zu wirken, und dann wieder weiterzogen. Oft logierten sie in kleinen Tempeln, die nur aus wenigen Gebäuden bestanden, taoistischen Gottheiten geweiht waren und eben irgendeinen Namen plus *»kuan«* als Bezeichnung trugen, in der Regel wohl nur schwache Schatten des idealen Belvedere, wie ihn Chin-ming Ch'i-chen zeichnete.

Es waren aber nicht nur die Menschen, die nach Gottheiten, nach Zeichen und Omina Ausschau hielten *(kuan)*, sondern auch die Gottheiten selbst schauten durch ihre irdischen Residenzen *(tao-kuan)* in die Welt der Menschen. Dies begründet die lange Reihe von Überlieferungen, welche aufzeigen, wie Gottheiten ihre irdischen Residenzen zu bewahren suchten und Zerstörer ihrer irdischen Amtssitze mit »Vergeltung« abstraften. Der ungehinderte Zerfall von Anlagen und Tempeln mindert dabei nicht die Bestimmung und Heiligkeit des Ortes.[239]

In diesem Sinne sind taoistische Tempel und Klöster in ihrem Realitätsanspruch ebenso oszillierend wie die Erscheinungen und Wirkungen der »Meister des Tao« *(tao-shih)* selbst. Die Belvederes stellen quasi Schnittstellen zwischen den menschlichen und göttlichen, transzendenten Sphären dar. Zugleich sind sie aber auch Fokus einer Vielzahl von konstitutiven Vorstellungen und Praktiken aus der Welt der taoistischen Priester.

Die beiden großen taoistischen Richtungen: »Bewegung der Vollkommenen Verwirklichung« *(ch'üan-chen tao)* und »Bewegung der Orthodoxie und Einheit« *(cheng-i tao)*

Für die T'ang-Zeit (618-907 n. Chr.) konnte anhand umfangreicher Quellen die taoistische Institution des *tao-kuan* als Zentrum und Fokus taoistischer Aktivitäten dargestellt werden. Offensichtlich handelte es sich bei der konzipierten idealen Gemeinschaft um zölibatär lebende Taoisten. Sowohl das Kloster als solches wie auch das Zölibat waren in der taoistischen Geschichte zwar wichtige Orientierungswerte, jedoch war die große Zahl der Taoisten wohl kaum beständig mit ihnen verbunden. Dem Vorbild der Himmelsmeister-Tradition im Cheng-i-Taoismus folgend, die auf der Erblichkeit des Himmelsmeister-Amtes beruhte, pflegte die Mehrzahl der »Meister des Tao« *(tao-shih)* mit Herd und Familie zu leben *(huo-chü tao-shih)*. Erst im 12. Jahrhundert, mit der Entstehung des Ch'üan-chen-Taoimus, wurden Zölibat und Klosterleben zur Norm, allerdings eben auch nur für diese Gruppe. Parallel dazu gab es weiterhin den Stand der im Volk lebenden Cheng-i-Taoisten. Die weiteren Entwicklungen in der Yüan-Zeit (1271-1368 n. Chr.) und Ming-Zeit (1368-1644 n. Chr.) bewirkten ein Verschmelzen dieser beiden Formen taoistischer Lebens- und Wirkungsweisen. In Anknüpfung an die Ausführungen zum *tao-kuan* wollen wir uns zunächst der Ch'üan-chen-Schule zuwenden, deren Vertreter Ch'iu Ch'ang-ch'un (1148-1227 n. Chr.) wir bereits kennen gelernt haben.[240]

Gründer der Ch'üan-chen-Schule war Wang Che (1112-1170

n. Chr.) aus der nordchinesischen Provinz Shensi, dessen taoistischer Ehrenname Ch'ung-yang, »Gedoppeltes Yang«, über Positionen seiner Lehre Aufschluss gibt. Dies erinnert uns nochmals an die Ausführungen Ch'iu Ch'u-chis, dessen Ehrenname »Ewiger Frühling« (Ch'ang-ch'un) in dieselbe Richtung weist. Im Mittelpunkt stehen die Wiederfindung oder die Bewahrung und Kultivierung einer individuellen »himmlischen Lebensgabe« *(hsing-ming)* sowie die Aufnahme einer entsprechenden Gestaltung des Lebensweges, was als Essenz der Ch'üan-chen-Lehre nun etwas vertieft werden soll.

Wang Che stammte aus einer begüterten Großgrundbesitzerfamilie, die in der Lage war, ihm eine standesübliche Erziehung zukommen zu lassen. Wang Che aber machte weder im zivilen noch im militärischen Sektor Karriere, zu einer Zeit, die von militärischen Auseinandersetzungen zwischen der schwindenden Macht des Sung-Staates und den Jurchen (Chin-Dynastie, 1127-1234 n. Chr.) geprägt war, was große Not für die Bevölkerung mit sich brachte. Wang Che verließ seine Familie und wanderte in das Gebiet der heutigen Provinz Shan-tung, wo er Anhänger und Schüler fand. Aus ihrem Kreis entstand mit den »Sieben Vollkommenen« *(ch'i-chen)* der historische Kern der Ch'üan-chen-Schule.[241] Der entscheidende Unterschied zwischen dieser taoistischen Gruppe und dem älteren Cheng-i-Taoismus (»Himmelsmeister-Taoismus«) ist die ausschließliche Konzentration auf intellektuelle, spirituelle und physiologische Momente der Pflege des menschlichen Lebens. Ch'üan-chen-Taoisten haben keine liturgischen Manuale erstellt, keine neuen Offenbarungen von »Registern und Amuletten« *(fu-lu)* präsentiert. Die Art und Weise, in der ein neuer Lebensweg – denn dies bedeutet in der Sache *»Ch'üan-chen«* – eingeschlagen wurde, verdeutlicht das »Lied zur Erkenntnis wahrer Vollkommenheit«, mit dem Wang Ch'ung-yang seinen Werdegang zum Taoisten begründet.[242]

Er führt aus, dass er mit neun Jahren angefangen habe, sein Umfeld kritisch zu betrachten. Damals verstarb sein Großvater mit 82 Jahren.

Mit 23 habe er eine vorzügliche Zeit verbracht, wenn auch der Onkel mit 77 Jahren verstorben sei.

Im Alter von 33 Jahren dämmerte ihm, wie sehr er nach Vergnügungen gierte. Damals starb sein »liebevoller Vater« mit 73 Jahren. Seit langem, räsoniert Wang Ch'ung-yang, habe es nur wenige Menschen gegeben, die hundert oder auch nur siebzig Jahre alt geworden seien. Diese Beobachtung habe ihn zutiefst nachdenklich gestimmt.

Mit 36 habe er sich im »Tiefschlaf« befunden, als er von seinem älteren Bruder eine Aufteilung des Familienvermögens forderte.

Vor Kraft und Übermut strotzend, habe er sich gegen den Himmel gewandt, sei rücksichtslos seinen Vergnügungen nachgegangen. Jeden Morgen sei er betrunken gewesen. Er habe sich hart gegenüber Jüngeren aufgeführt, andere betrogen und so seine Jahre verbracht. Den Bruder habe er verleumdet, die Frau gescholten und sich gegenüber aller Welt schlecht benommen. Er habe sich weder um das Familienvermögen gekümmert noch um seine eigene Person, einfach in der Hoffnung, dass ihm Glück, Ruhm und Rang zufallen würden. Besitz sei seinen Händen entglitten »wie ziehende Wolken«, und dabei sei sein Hass gegenüber Frau und Sohn ins Unermessliche gewachsen. Seinen Anteil am Familienvermögen habe er in drei Teile geteilt. Zwei Teile seien für Essen und Kleidung bestimmt gewesen, einer für die Weinrechnungen. Was die anderen gegessen haben und wie sie bekleidet waren, das habe ihn nicht mehr gekümmert. Die alten Weinrechnungen seien beglichen worden, und sonst habe er nur noch kräftig schwadroniert.

Mit 48 Jahren noch habe er nach einer mächtigen Position gestrebt, wobei er sich zugleich einer Selbstprüfung unterzog. Völlig unerwartet sei es urplötzlich zu einem Bruch in seiner bisherigen Geisteshaltung gekommen; irre Verrücktheit habe sich breit gemacht, was sich in äußerer Exzentrizität gezeigt habe.

Da habe es keine Rolle mehr gespielt, dass die Menschen ihn verlachten, denn tief in seinem Herzen habe er gefürchtet, »bei allem Licht im Dunkel zu verbleiben«[243]. Rasch habe er seine Gedanken gereinigt und seinen Leib geprüft. Ein neues Bewusstsein habe sich eingestellt – Frau und Kinder seien von ihm zur Seite geschoben worden. Der materielle Wohlstand der Familie sei vollkommen erschöpft gewesen, was ihm ein Gefühl der Freiheit von aller Beschwerlichkeit vermittelt habe. Er sei es überdrüssig gewesen, wie ein »Pferd oder Rind« für Söhne und Enkel zu arbeiten.

Im Alter von 52 Jahren habe er den Zeitdruck verspürt. Wenn er siebzig Jahre alt werden wollte, wie viele Tage blieben ihm da noch? Die Gefahr des zukünftigen Weges, den er würde machen müssen, liege in der Vergeltung seiner Taten. Sein altes Karma sei nur schwer aufzulösen, und Untätigkeit würde in einem Desaster enden. Wenn einmal der menschliche Leib verloren sei, dann würde er für viele zehntausende *kalpas* aufhören zu sein. Wie könne er nur unter solchen Umständen Rettung finden, fragt sich Wang Ch'ung-yang.

Er müsse wissen, wie der Prozess des Altwerdens anzuhalten sei und wie er stark und gesund bleiben könne. Er gebe seine »Höhle« auf, den Weg zum Grab, um auf »Wolken und Wasser«[244] zu reisen. Es gebe überhaupt nichts Schöneres: keine Überlegungen, welcher Art auch immer, keine Künstlichkeit.

Diese Zeilen zeigen seine Rückbesinnung auf die eigene Existenz, einen ausgeprägten Individualismus sowie von buddhistischen Grundgedanken bestimmte Existenzängste, nämlich die Furcht, in dem quälenden Kreislauf der Wiedergeburten Strafen und Pein ausgesetzt zu sein. Die Lösung aus diesem Komplex sieht Wang Ch'ung-yang in einem Leben als Taoist, dessen Interesse ganz traditionell der »Pflege des Lebens« gilt. Voraussetzung hierfür ist eine Lebenshaltung, die seine fünfzehn Exposés »Zur Einrichtung der Lehre« behandeln. Einige ausgewählte seien vorgestellt.[245]

Nummer 1 erläutert, dass jeder Mann, der seine »Familie verlässt« *(ch'u-chia)*, sich in einen einfachen Unterstand als Lebenszentrum zurückzuziehen habe. Nur hier würde der Geist allmählich zur Ruhe kommen. Die physischen Lebensenergien und die spirituellen Kräfte im Betreffenden würden harmonisiert und vollständig sein. So würde man in das Tao der Vollkommenheit eintreten können. Physische Aktivitäten sollten nicht anstrengend sein, da sie sonst den Lebensenergien schadeten. Andererseits sei Bewegung und Aktivität auch nötig, da sonst die Lebensenergien und das Blut sich verdickten und hinderlich würden. Bewegung und Ruhe müssten ausbalanciert sein. Nur so könne man eine beständige Ruhe des Geistes erlangen.

Nummer 2 widmet sich dem Thema Reisen. Hier werden zwei Methoden unterschieden: Reisen um der Vergnügungen willen, so wird breit ausgeführt, seien nutzlose Reisen. Der andere Reisende aber überprüfe sein menschliches Sein und sein aktuelles Leben. Ein solcher Reisender besteige ohne Unterlass die gefährlichsten und höchsten Berge, nur um den erleuchteten Lehrmeister zu finden. Er überquere reißende Wasser, nur um ohne Murren nach dem Tao zu forschen. Wenn er in nur einer einzigen Sentenz mit solch einem Lehrmeister einen absoluten Konsens erziele, würde in ihm selbst ein Strahlenkranz entstehen. Er erkenne, was es mit Leben und Tod auf sich habe, und könne als fortgeschritten in der Erkenntnis der Vollkommenheit gelten – ein wahrer, ein richtiger Reisender!

Nummer 5 behandelt »Bauaktivitäten«. Wang Ch'ung-yang

spricht wiederum von dem eingangs erwähnten Unterstand als Behausung. Gebaut aus Schilf und Gras, solle er den Körper verstecken. Auf Tau zu schlafen, in der Wildnis die Augen zu schließen, das beleidige Sonne und Mond. Geschnitztes Balkenwerk und monumentale Inschriften andererseits seien aber nicht Sache herausragender Meister. Wie könnte es sein, dass taoistische Meister in großen Tempeln und hohen Hallen ihren Lebensunterhalt bestreiten? Das Fällen von Bäumen unterbreche den Fluss der Strömungen in den »Adern der Erde«. Wer durch religiöse Aktivitäten materielle Verdienste verbuche, beute die »Adern des Volkes« aus. Hiermit würde nur ein äußerer Erfolg gepflegt, die innere Kultivierung aber vernachlässigt. Wer die rechte Intention habe, sagt Wang Ch'ung-yang, der solle sich auf die Suche nach den inneren »Schatzhallen« *im eigenen Leib* begeben. Die geschmückten Häuser der Reichen außerhalb des menschlichen Leibes würden allmählich verfallen, wenn sie nicht beständig unterhalten würden. Der Weise beobachte höchst umsichtig die »Schatzhallen« im eigenen Leib.

Nummer 6 spricht von der Verbindung mit einem spirituellen Gefährten. Ein Taoist wolle in einer solchen Verbindung nur für den Fall von Krankheit und Tod wechselseitige Hilfe suchen. Der Taoist habe sich zuerst in diesem Sinne jemanden zu suchen und gehe dann eine entsprechende Verbindung ein. Gegenseitige emotionale Beziehungen seien dabei absolut auszuschließen, da sie den Geist »binden«. Aber auch hier gelte es, die Balance zu halten zwischen einem Verhältnis, das Emotionen kennt, und einem solchen, das von ihnen vollkommen frei ist. Es müsse ein heller Geist sein, ein Mensch von entschiedener Willenskraft, der sich als Gefährte eigne. Die Grundlage für die Einrichtung der eigenen Persönlichkeit sei die ausschließliche Abhängigkeit vom eigenen Geist und die Entschiedenheit des Willens, wenn man in einer klösterlichen Gemeinschaft lebt. Man dürfe sich weder nach den Gefühlen anderer Personen richten noch nach der äußeren Erscheinung. Wichtig sei die Wahl eines wahrhaft Intelligenten als Gefährten.

Aus diesen wenigen Abschnitten geht hervor, dass Wang Ch'ung-yang eine Lebensführung empfiehlt, die den Betreffenden frei macht für die Ordnung des inneren Lebens. In diesem Sinne erläutert er Themen wie die Meditation (Nummer 7), die Disziplin des Geistes (Nummer 8), die Pflege des Seins (Nummer 9) und das Verlassen der Menschenwelt (Nummer 15). Wang Ch'ung-yang sagt, dass es sich hierbei nicht um ein physisches Verlassen der Welt handle. Es gehe ihm vielmehr um eine Verfassung des Lebens. Der physische Leib gleiche der Wurzel einer Lotosblume, der Geist aber gleiche der Blüte. Die Wurzeln seien unten im Sand, die Blume aber stehe hoch darüber im Leeren. Wer das Tao erlange, dessen physischer Leib ruhe in dieser Welt, aber sein Geist sei in der »Welt der Heiligen«.

Wang Ch'ung-yang berührt nur en passant die in der Sung-Zeit voll entfaltete Terminologie der »inneren Selbstkultivierung«, die der Beschreibung und Gestaltung innerer energetischer Kräfte gewidmet ist (Nummer 10). Im Vordergrund steht ein klarer Eskapismus, wie in Nummer 13 unter der Überschrift »Entkomme den drei Sphären« dargestellt wird. Die »Drei Sphären« *(san-chieh)*, ein aus dem Buddhismus entlehnter Begriff, bezeichnen die Sphäre der »sinnlichen Gelüste«, die Sphären des »Formhaften« und der »Formlosigkeit«, womit die Gesamtheit menschlichen Wollens, Sinnens und Planens beschrieben ist.

Wir stellen fest, dass in diesem Text zur »Einrichtung der Lehre« keine spezielle Methode oder Technik empfohlen[246] und auch keine Schrift als Doktrin oder »Bibel« angeführt wird. Im Gegenteil, es gehe nicht um »literarische Brillanz«, da sie nur die Augen verwirre. Es gehe vielmehr um einen gewissen Aufstieg, das bedeute, die Bücher zur Seite zu legen, um die Prinzipien zu ergreifen und um dann auch noch diese hinter sich zu lassen und zu den eigenen geistigen Momenten zurückzufinden (Nummer 3).

Typisch ist eine Bemerkung von Ma Tan-yang (1123-1183 n. Chr.), dem ersten Schüler Wang Ch'ung-yangs, der seinen eigenen Gefolgsleuten im Hinblick auf Methoden der »inneren Selbstkultivierung« empfahl, danach zu streben, dass »im Geist keine weltlichen Belange mehr nisten«, dann harmonisierten sich die Atemzüge von selbst. Die Harmonisierung des Atems sei etwas, was nur unbewusst bewirkt werden dürfe. Man dürfe sie nicht mit erlernten Techniken von Mund und Nase zu bewirken suchen. Es komme nur darauf an, dass im Geist keine profanen Gedanken nisten. Sucht einen ruhigen Ort, sagt Ma Tan-yang, um dort zu meditieren! Wer sich nur daran halte, schaffe es, ins große Tao einzugehen.[247]

Unabhängig von Beruf, Stand und Bildung wird also ein neuer Lebensweg anempfohlen. Es handelt sich um eine individuelle Lebenseinstellung und vor allem um den entschiedenen Entschluss zu einer radikalen Änderung der Lebensweise aufgrund einer – zumeist plötzlichen und individuellen – Erkenntnis der Lebensgrundlage und damit von Leben und Tod. Diese plötzliche Erkenntnis, die Ergebnis der Begegnung mit einem charismatischen Lehrmeister sein soll, verbindet rein äußerlich den Ch'üan-chen-Taoismus mit dem Zen-Buddhismus, dessen Klöster später de facto zu einem Vorbild für die entstehende Klosterkultur des Ch'üan-chen-Taoismus wurden.

Die Frage, was es bedeutet, Ch'üan-chen-Taoist zu sein, lässt sich anhand der vielen Biografien beantworten, die im taoistischen Kanon aufbewahrt werden. Es zeigt sich in ihnen ein Schema, das grundsätzlich die Karriere des Ch'üan-chen-Taoisten beschreibt und zugleich auch Motivation und Sinn dieser Lehre offen legt:

1. Ausgangspunkt ist oft ein Leben als sozial etablierte, reiche Person, die über ein gesichertes soziales Beziehungsnetz verfügt.

2. In der Begegnung mit einem taoistischen Meister wird eine plötzliche Erkenntnis erlangt, woraus sich eine Veränderung des Lebenswegs und eine neue Motivation ergeben.

3. Es folgen Begegnungen mit mysteriösen Erscheinungen von Taoisten oder Unsterblichen aus der Vergangenheit, die mündliche oder schriftliche »Instruktionen« enthüllen. Annahme eines Taoistennamens.

4. Asketische Praktiken der Selbstentäußerung werden aufgenommen und über eine lange Zeit ausgeübt, in der die innere Sublimierung der physischen und spirituellen Lebensqualität erreicht wird.

5. Dann schließen sich missionarische Aktivitäten und vorbildhafte Verhaltensweisen im Volk an, dem Rettung und Hilfe gebracht wird. Häufige Ortswechsel und Aufbau einer Gefolgschaft von Schülern (»Affiliation«).

6. Nach dem Tod erfolgen Idealisierung und Kanonisierung als Ch'üan-chen-Taoist.

Es gibt immer Ausnahmen. Ch'iu Ch'ang-ch'un etwa kam als junge Vollwaise zu Wang Ch'ung-yang und erhielt erst durch ihn seine literarische Ausbildung.[248] Während Ch'iu Ch'ang-ch'un und andere ihr Schlüsselerlebnis zur Umkehr in der Begegnung mit Wang Ch'ung-yang fanden, wurde Wang Ch'ung-yang selbst durch gemeinsame mysteriöse Erscheinungen von Taoisten früherer Epochen, nämlich Chung-li Ch'üan (Han-Zeit) und Lü Tung-pin (T'ang-Zeit), initiiert. Sie erteilten ihm mündliche Anweisungen. Bezeichnend für die spätere hagiographische Beschreibung der Ch'üan-chen-Schule im 14. Jahrhundert ist es übrigens, dass ihre Tradition eben aufgrund solcher mysteriösen Einweisungen letztlich bis zu T'ai-shang Lao-chün (Laotzu) zurückgeführt werden kann, was ein auch für andere taoistische Schulgründungen nachweisbares Verfahren der »historischen Legitimation« darstellt.[249]

Sehr bedeutsam ist die Feststellung, dass für den Eintritt in den Ch'üan-chen-Taoismus weder die Einweisung in die taoistische professionelle Tätigkeit als ritueller Meister *(tao-shih)* des Cheng-i-Taoismus nötig ist noch irgendein anderer spezifischer Beruf. Hao Ta-t'ung (1140-1212 n. Chr.) z.B., einer der »Sieben Vollkommenen«, war I-ching-Spezialist und Wahrsager.

Tatsache ist aber auch, dass für fast alle Ch'üan-chen-Taoisten rituelle Betätigungen im Sinne des Cheng-i-Taoismus nachweisbar sind. Mit Sicherheit lässt sich schon im 12. Jahrhundert ein Zusammengehen dieser beiden Formen des Taoismus feststellen. Leider erfahren wir niemals, wie, wann und unter welchen Umständen diese Ch'üan-chen-Taoisten in die rituellen Tätigkeiten des taoistischen Priesters *(cheng-i)* eingewiesen wurden.

Wir haben also klar zwischen zwei Elementen zu unterscheiden: zwischen der alten Kultur der taoistischen Priester und der neu formierten Lebensform der Ch'üan-chen-Taoisten. Die Kombination dieser beiden Elemente bestimmt bis heute das Erscheinungsbild und die Wirkungsweisen eines großen Teils der Taoisten. Ein ganz besonderes Merkmal der historisch ersten Generation von Ch'üan-chen-Taoisten ist die Exzellenz und das große Maß ihrer literarischen Bildung.

Der taoistische Kanon enthält zahlreiche Literatursammlungen, die fast ausschließlich aus Gedichten in verschiedensten Versmaßen bestehen, zumeist Widmungen an Gönner, Schüler und Freunde. Daneben finden sich auch einzelne »Gesprächsaufzeichnungen« didaktischer Intention und Kommentare zu taoistischen Schriften. Die Texte beschreiben oftmals in aphoristischer, kryptischer Form die Entwicklung, die Erfolge und Ergebnisse der physiologischen, inneren Selbstkultivierung, ohne dass diese in ihren praktischen Details beschrieben würde. In spezifischer Weise verbindet sich also eine literarische und intellektuelle Kultur mit dem Ch'üan-chen-Taoismus, was im Widerspruch zu stehen scheint zur bereits vorgestellten distanzierten Haltung gegenüber Bücherwissen und literarischen Leistungen. Im Mittelpunkt stand doch die »Geistübertragung«, die eine unmittelbare Erkenntnis und die Hinwendung zum Ch'üan-chen-Lebensweg evozieren sollte. Andererseits wurde Literatur geschaffen, um »späteren Studenten« Anleitung und Hilfe zu bieten.[250]

Es wurde dabei keine einzelne Schrift aus dem gewaltigen Fundus der chinesischen Literatur als normative Leitschrift für den Ch'üan-chen-Taoismus postuliert, doch hat Wang Ch'ung-yang seine Anhänger darauf hingewiesen, dass die Texte *Pan-jo hsin-ching, Tao-te ching, Ch'ing-ching ching* und das *Hsiao-ching* zu den Titeln gehörten, die man rezitieren könne oder solle, und zwar mit dem Ziel, sich um die »Wahrhaftigkeit zu bemühen«.[251] Die genannten Texte repräsentieren den Buddhismus, den Taoismus und den Konfuzianismus, die »Drei Lehren«. Weitere Titel, die immer wieder zitiert und teils kommentiert werden, sind das *Huang-ti yin-fu ching* und das *I-ching*.[252]

Der Begriff »Drei Lehren« *(san-chiao)* ist Teil der Namen der Laienkongregationen, die Wang Ch'ung-yang 1169 in Shantung gründete, wo immer er auch auf seinen Wanderungen hinkam. Es handelt sich um die Gesellschaften der »Sieben Juwelen der Drei Lehren«, des »Goldlotos der Drei Lehren«, der »Drei Strahlen der Drei Lehren«, der »Jadeblüten der Drei Lehren« und der »Gleichrangigkeit der Drei Lehren«. Es ist offensichtlich, dass sich Wang Ch'ung-yang mit dieser demonstrativ betonten Gleichrangigkeit der drei Lehrsysteme intellektuell in alte Traditionen zu stellen suchte, die eine Balance der potenziell konkurrierenden Wertsysteme anstrebten. Die Ch'üan-chen-Taoisten waren damit auch in der Sphäre des Hofes der Jurchen

(Chin-Dynastie, 1127-1279 n. Chr.) bald bekannt. Geschätzt als Literaten und Spezialisten für taoistische Liturgie, wurden Einzelne von ihnen an den Hof zitiert, mit liturgischen Diensten betraut und mit Tempelgründungen und Ehrentiteln belohnt.[253]

Die Realgeschichte freilich zeigt, dass diese Balance gerade von den Ch'üan-chen-Taoisten im 13. Jahrhundert nicht gewahrt werden konnte, sodass die Konkurrenz mit den Buddhisten in theoretischen, praktischen und materiellen Belangen schließlich zum »Religionsstreit« führte. Die Taoisten verloren schmählich im Schiedsverfahren am Hof des Mongolenkhans der Yüan-Dynastie (1271-1368 n. Chr.) und mussten die Order zur Zerstörung des taoistischen Schriftenkanons hinnehmen.[254]

Wir können zusammenfassend sagen, dass der Ch'üan-chen-Taoismus eine individuelle, intellektuelle und auch praktische Kultur darstellt, die sich äußerlich in einer zölibatären, puristischen und phasenweise asketischen Lebensweise dokumentiert.[255] Es gibt im Ch'üan-chen-Taoismus keine »Register und Amulette« *(fu-lu)*, keine Rituale der Ordination oder der Opfer- und Fastenfeiern *(chiao/chai)*, die dagegen den Cheng-i-Taoismus charakterisieren. Die zölibatäre Lebensweise, die zunehmende Verbreitung des Ch'üan-chen-Taoismus und der Unwille der staatlichen Administration, überall im Lande kleine, nur zeitweise lokal gebundene taoistische Zellen (»Klausen«) hinzunehmen, mögen zusammen dazu beigetragen haben, die Entwicklung einer großen Klosterkultur auszubilden. Sie hat bis heute Bestand.

Ein besonders bemerkenswertes Moment ist also, wie schon erwähnt, die Offenheit des Ch'üan-chen-Taoismus, der keinen »Beruf« darstellt, sondern eine Lebens- und Denkweise. Der Anspruch, die menschliche Physis und Spiritualität zu pflegen bzw. im Sinne einer urtümlichen, himmlischen Integrität wiederzugewinnen, empfahl die Ch'üan-chen-Taoisten der intellektuellen und administrativen Elite, mit der sie u.a. in literarischem Austausch standen.[256]

Vor diesem Hintergrund ist die Verschmelzung des Cheng-i- und Ch'üan-chen-Taoismus zu sehen. Sie ist auch leicht zu verstehen und fast als nahe liegend anzunehmen, wenn bedacht wird, dass die rituelle Effektivität der »Meister des Tao« *(tao-shih)* im Cheng-i-Taoismus als Ausdruck und Ergebnis einer inneren Vollkommenheit und spirituellen Macht verstanden wird. Dies erklärt auch, warum der Cheng-i-Patriarch Chang Yü-ch'u (1361-1410 n. Chr.), der 1406 den kaiserlichen Auftrag zur Neuedition des taoistischen Kanons erhielt, die beiden Gruppierungen *Cheng-i* und *Ch'üan-chen* als die beiden fundamentalen »Lehren« *(chiao)* bezeichnete. *Cheng-i* stehe dabei für den äußeren Aspekt, nämlich für die rituelle Hilfe und Rettung für Individuum, Volk und Staat, während *Ch'üan-chen* der notwendigen inneren Kultivierung der physischen und spirituellen Potenzen des Menschen diene. So wird nicht nur das Zusammengehen von *Cheng-i* und *Ch'üan-chen* rationalisiert, sondern implizit auch die exorbitant bedeutende Stellung des *tao-shih* in der Gesellschaft verdeutlicht.[257]

Es ist wichtig zu erkennen, dass diese Pflege der inneren Potenzen, der natürlichen spirituellen Anlage des Menschen eine wichtige Verbindung zum Cheng-i-Taoismus der »Meister des Tao« darstellt.

Chang Yü-ch'u (1361-1410 n. Chr.)[258], der 43. Cheng-i-Patriarch, erläutert in seinen »Zehn Regeln für die Taoisten« die Grundlagen für den Beruf des Taoisten, speziell die Voraussetzungen für rituelle Effektivität. Dies ist das Hauptinteresse des Vertreters des Cheng-i-Taoismus. Der *tao-shih* habe den Regeln der Disziplin folgend integer zu leben, führt Chang Yü-ch'u aus, einen erleuchteten Lehrmeister aufzusuchen und ihm nachzufolgen. In Entsagung und Schlichtheit lebend, müsse er sich die Grundtraditionen aller Methoden eröffnen lassen. Mit höchster Konzentration sei der Opferdienst zu versehen. Wesentlich sei dabei, dass man nur einer Methode *(fa)* folge, nur ein Register habe und nur einer spezifischen Profession nachgehe. Wer von früh bis spät seine spirituellen Kräfte kultiviere, seinen Odem pflege und in seinen Pflichten unermüdlich sei, der stehe mit den Gottheiten *(shen-ming)* in Verbindung.[259]

Diesen Ausführungen entnehmen wir drei Elemente von höchster Bedeutung. Der Taoist verfügt über »Methoden« *(fa)*, die er vom Lehrmeister vermittelt oder übertragen bekommt und die er aufgrund seiner »Register« *(lu)* ausübt. Instrumental in jeder Hinsicht sind dabei die »Gottheiten« *(shen-ming)*, mit denen er in Verbindung stehen muss und die im Ritual konkret wirksam werden.

Wenn wir einer Quelle aus der T'ang-Zeit folgen, beginnt im Idealfall die Karriere des Taoisten, gleich ob Knabe oder Mädchen, im jungen Alter von sieben Jahren. Sie erhalten das Register »ein General«, im Alter von zehn Jahren und mehr die Register und Amulette »drei Generäle«, »zehn Generäle« etc., zusammen mit dem persönlichen Titel »Novize«.[260]

Diese Form der Übertragung von Dokumenten individueller und spiritueller Macht kennzeichnet die taoistische Karriere bis hin zur Ordination als Erwachsener zum »Hauptpriester« *(kao-kung)*. Mit aufsteigendem Potenzial erhält der Aspirant Schriften zu Regeln und Geboten der rechten Verhaltensweise, zuletzt dann die taoistischen Schriften, die den Kern des taoistischen Kanons ausmachen. Schließlich sollten sie über die Gesamtheit dieser Schriften verfügen. So jedenfalls lautet der ideale Anspruch.

Diese Schriften, sehr heterogener Art, enthalten Gebete, Beschwörungsformeln, Meditationshilfen und Instruktionen zur Ausführung der »Methoden« bzw. Rituale und vor allem zum jeweiligen Pantheon, das durch diese Rituale in Aktion tritt.

Spezifisch taoistisch und inhaltlich entscheidend ist, dass die Gottheiten als innere menschliche Potenzen verstanden werden. Sie können in der meditativen Innenschau gesehen werden, sie sind andererseits aber auch identisch mit den abstrakten Kräften des Kosmos, die ihre Residenzen in Sternkonstellationen haben.

Das »Register«, das der Taoist »am Gürtel« bei sich trägt und das wir als einen Typ der »heiligen Schrift« im Taoismus schon kennen gelernt haben[261], ermöglicht es, die Gottheiten anzurufen, sie zu exteriorisieren und auch wieder in den eigenen Leib zurückkehren zu lassen. Die Präsenz der Gottheiten ist also ein Anliegen von primärer Bedeutung. Ihre Präsenz und Dienstbarkeit ist es auch, die jede rituelle oder exorzistische Methode wirksam macht. So sind z.B. die Gottheiten, die der »Fünf-Donner-Methode« *(wu-lei fa)* präsidieren – eine vom 11. Jahrhundert bis heute weit verbreitete »Methode«, die ebenso zur Austreibung schlechter, dämonischer Mächte verwandt wird wie zum Erbitten von Regen –, mit Sterngottheiten des Südgestirns *(nan-tou)* zu identifizieren. Selbstverständlich hat der Taoist, der im Idealfall die vollkommene Präsenz seiner göttlichen spirituellen Potenz erlangt, eine besondere Ausstrahlung, im wahrsten Sinne des Wortes. Die Biografien solcher Taoisten sind voll von Belegen für ihre ungeahnten physischen Fähigkeiten und Kräfte, die sie z.B. gegen Witterungseinflüsse unempfindlich machen und persönlichen Objekten magische Kraft verleihen können. Erinnert sei etwa an den Ch'üan-chen-Patriarchen Wang Ch'u-i (1142-1217 n. Chr.), der vertrauensvolle Patienten durch Auflegen des eigenen Schweißhemdes heilte oder auch durch das Zerschlagen von Objekten, in die er die betreffende Erkrankung gebannt hatte.[262]

Wir sehen in der individuellen, persönlichen Potenz und Kultur des Taoisten die Schnittstelle zwischen exorzistischen Ritualen (Glaubensheilung) und der Fähigkeit zu ritueller Praxis etwa im Zuge taoistischer Chiao-Opferfeiern, die immer auch einen literarischen und administrativen Charakter hatten, wodurch sie sich von Schamanismus und Exorzismus unterschieden. Wang Ch'u-i verfügte über alle diese praktischen Fähigkeiten. Als Cheng-i-Taoist agierte er im Rahmen der Ch'üan-chen-Schule und ihrer öffentlichen Akzeptanz, was sein traditionelles Chiao-Ritual 1188 am Kaiserhof der Chin-Dynastie eindrucksvoll verdeutlicht, außerdem u.a. 1201 am angeblichen Geburtsort Laotzus, im »Tempelpalast der Höchsten Reinheit« in Po-chou.[263] Wang Ch'u-i ist in vielem ein Modell für »den Taoisten«, das sich bis heute gehalten hat, wie die Ch'üan-chen-Taoisten am Berg Ch'ing-ch'eng nahe der Stadt Chengdu (in der heutigen Provinz Szechwan) zeigen, die stolz von den Wirkungen ihrer »Fünf-Donner-Rituale« zu berichten wissen.

Natürlich gibt es in der taoistischen und in der lokalen wie nationalen Tradition den Heros, den untadligen, hervorragenden Menschen, der als Taoist, Helfer und Heiler selbst die Sublimierung seines Seins erlangte und so in das Pantheon der Unsterblichen aufstieg, um dann von dort im Rahmen von Ritualen zu Diensten gerufen werden zu können. Ein solcher Name ist oftmals mit lokaler Geschichte und lokalen Tempeln verbunden.[264] Letztere werden von Taoisten frequentiert, die dort im Auftrag der lokalen Gemeinwesen Liturgien aufführen, zumeist in Abhängigkeit von kalendarischen Festtagen. Die Priester werden dann die Bildnisse dieser lokalen Gottheiten von ihren zentralen Plätzen räumen und in der Position von »Gästen« aufstellen lassen, um an ihren ursprünglichen Plätzen das abstrakte taoistische Pantheon zu installieren, das die Liturgie patronisiert. Der Taoist richtet sich also mit religiösen Symbolen und Utensilien seine »rituelle Arena« für die Liturgie ein, die nach Abschluss der Feier wieder aufgelöst wird.[265] In dieser praktischen Gegebenheit kann vielleicht einer der Gründe gesehen werden, warum taoistische Belvederes (Tempel) in so deutlich geringerer Zahl existieren als buddhistische Tempel und Klöster. Der Taoist braucht eben keinen Tempel, um sich seine »rituelle Arena« einrichten und Rituale durchführen zu können.

Dies alles sind jedenfalls sehr spezialisierte Handlungen, die zur Profession eines Taoisten gehören. Vor diesem Hintergrund entwickeln sich keine taoistischen Laienbewegungen, ein im Buddhismus ausgeprägtes Phänomen. Auch das mag zur numerischen Differenz zwischen taoistischen und buddhistischen Einrichtungen beigetragen haben, was hier en passant erwähnt sei. Dennoch gilt, dass die taoistischen Rituale, speziell die Chiao-Opferfeier, Angelegenheiten des Gemeinwesens sind, an denen die säkularen Gemeindevorsteher als Repräsentanten der Allgemeinheit teilnehmen.

Der örtliche Tempel wird für solche Feiern vorbereitet, indem an der Nordseite des Tempels, mit Blick nach Süden, die »Drei Reinen« *(san-ch'ing)* auf Bildrollen installiert werden. Sie sind eben als höchste, abstrakte Gottheiten die »Lords« von »Himmel, Erde und Mensch«, namentlich Yüan-shih t'ien-tsun, Ling-pao t'ien-tsun und Tao-te t'ien-tsun, wobei letzterer auch mit T'ai-shang Lao-chün identifiziert wird. Sie sollen in den höchsten himmlischen Sphären residieren, ebenso in den drei entsprechenden Sphären des Menschenleibs, und zwar im Kopf des Menschen, im Herzen und im Unterleib. Die drei Sphären des Menschenleibs werden auch »Zinnoberfelder« genannt. Man kann sagen, dass die Einrichtung des Tempels für die Liturgie das Modell des Mikrokosmos (Mensch) wie das des Makrokosmos abbildet.

Im Zentrum des Tempels stellt sich der Taoist das emblematische Arrangement der Zahlenordnung aus der »Schrift vom Fluss Lo« *(Lo-shu)*, verbunden mit den Trigrammen, vor, die aus dem *I-ching* (»Buch der Wandlungen«) allgemein bekannt sind. Die fünf Richtungen, die vier Himmelsrichtungen und die Mitte, repräsentieren die »Fünf heiligen Berge Chinas«.

Im Norden also sind die »Drei Reinen« installiert, ihnen gegenüber im Süden die ursprünglichen Tempelgottheiten, Gottheiten des populären Pantheons. Im Nordwesten soll sich das »Tor des Himmels« befinden, im Südwesten das »Tor der Erde«. Im Nordosten befindet sich das »Tor der Dämonen« und im Südosten das »Tor der Menschen«. Der Priester versiegelt das »Tor der Dämonen«, um die negativen Kräfte *(yin)* fern zu halten. Er öffnet aber das »Tor des Himmels«, um die positiven Kräfte des »früheren Himmels« *(yang)* einzulassen.

An der östlichen Tempelwand werden drei Bildrollen aufgehängt, die das »Büro der himmlischen Gottheiten«, das »Büro der irdischen Gottheiten« und den »Drachen-Marschall« K'ang Yüan-shuai darstellen, Repräsentationen von *yang*. Ihnen gegenüber, im »Westen«, zeigen drei Rollen die Kräfte von *yin*, nämlich das »Büro der Feuer-Gottheiten«, das »Büro der Wasser-Gottheiten« und den »Tiger-Marschall« Chao Yüan-shuai.

In der Mitte, direkt vor dem fest eingerichteten Hauptaltar im Tempel, wird ein Tisch mit einem in Prozessionen tragbaren Weihrauchkessel aufgestellt, in dem dann während der Feier die verschiedenen »Eingaben« an die Gottheiten verbrannt werden. Sie werden auf diese Weise an den Himmel gesandt. Eine Metallschale auf der Ostseite des Tisches steht für *yang*, die angeschlagen mit dem Klang von *yang* den Tempel erfüllen soll. Auf der anderen Seite des Tisches steht eine große Holzschelle (»Holzfisch«), deren dumpfer Ton *yin* wiedergibt.

Der agierende Priester steht vor diesem Tisch, wobei seine Manuale vor ihm liegen. Zu seiner Rechten positioniert sich der »Kantor«, der die Metallschale anzuschlagen hat, und zur Linken der Assistent oder Hilfskantor, der den »Holzfisch« anzuschlagen hat. Zwischen diesen beiden Begleitpersonen gibt es einen Austausch beim wechselseitigen Singen oder Vortragen der liturgischen Texte.

Die Roben, welche die drei Ausführenden tragen, sind reich mit Symbolen besetzt. Der Gürtel, dem eines kaiserlichen Beamten entsprechend, weist darauf hin, dass der Priester ein »himmlischer Beamter« ist, der zwischen den Menschen und den Gottheiten vermittelt. Der Taoist trägt eine schwarze Kappe mit einer kleinen goldenen Krone, besetzt mit blinkenden »Juwelen«. Sie repräsentiert den Himmel mit seinen Sternen, denn während der Feier steht der Priester gewissermaßen vor den himmlischen Gottheiten. Auf dieser »Beamtenkappe« *(chin-kuan)* sind als kosmische Symbole die acht Trigramme angebracht.

Diese Ausführungen mögen als Hinweis darauf genügen, dass die Opferfeier in einem wohl strukturierten Kontext stattfindet, der die taoistischen Vorstellungen vom Aufbau und Zusammenwirken von Kosmos und Mensch reflektiert. Die rituelle Feier kann sich über mehrere Tage erstrecken und bezieht in gewisser Weise die ganze Gemeinde mit ein, die freilich von den meisten Geschehnissen im Tempelinneren weitgehend ausgeschlossen bleibt, von ihren schon genannten hohen Repräsentanten abgesehen.

Diese Festivitäten sind äußerst komplex. Es ist hier nicht möglich, sie im Detail zu beschreiben. In der Wissenschaft haben sich etliche Forscher damit hervorgetan, speziell diese Liturgien zu untersuchen. Es seien N. Ofuchi, J. Lagerwey, K. Dean, K. Schipper und M. Saso genannt, deren Studien sich wesentlich auf die gegenwärtigen rituellen Traditionen in Taiwan beziehen oder von ihnen ausgehen.[266] Der Nachweis einer direkten Verbindung zu den Praktiken und Traditionen des alten China im Sinne einer tatsächlichen und ideellen Kontinuität wurde dabei unzweifelhaft erbracht. Wir können hier nur versuchen, einen ersten Eindruck vom möglichen Ablauf eines dreitägigen Chiao-Rituals zu vermitteln, und folgen dazu etwas vereinfachend den Darstellungen von M. Saso. Äußerst ausführliche und stark interpretativ geprägte Darstellungen gibt J. Lagerwey, auf die der Leser nachdrücklich zu vertiefender Lektüre verwiesen sei. [267]

Am ersten Tag des Chiao-Fests, um Mitternacht, senden die Taoisten eine »Eingabe« auf rotem Papier an alle spirituellen Kräfte, um das Chiao-Ritual anzukündigen. Jetzt können die himmlischen Gottheiten »eingeladen« werden teilzunehmen. Vor dem Tempel werden drei Fahnenmasten aufgestellt, an denen im Beisein der Öffentlichkeit drei Fahnen und Lampen hochgezogen werden. In der Mitte findet sich die Fahne des »Jade-Kaisers«, an der linken Stange für *yang* die der sieben Sterne des »Nordgestirns« *(Pei-tou ch'i-hsing)* und an der rechten Stange die Fahne der Seelen in der Unterwelt für *yin*. Nun wird im Tempel (Nordosten) exorzistisch das »Tor der Dämonen« versiegelt. Daraufhin wird eine Reihe taoistischer Schriften gelesen, so das *Pei-tou ching, Nan-ch'en ching* etc. Zu Mittag wird im Tempel das »Mittagsopfer« an die Himmelsehrwürdigen dargebracht, Weihrauch, Wein, Reis, Feuer, Tee, Früchte, Dampfbrot, Blumen und Wertgegenstände, z.B. Geld. Dieses Ritual wird in der Öffentlichkeit vor dem Tempel wiederholt, außerdem an anderen Stellen zu Ehren der Gottheiten, die gewissermaßen auf Besuch zugegen sind. Am Nachmittag werden wiederum taoistische Schriften verlesen. Am Abend erfolgt das Ritual »Teilen des Lichts« *(fen-teng)*.[268] Neues »Licht« wird in Lämpchen vor den »Drei Reinen« entzündet, wobei Kapitel 42 aus dem *Tao-te ching* gelesen wird.[269] Das sich um Mitternacht anschließende, als höchst geheim deklarierte Ritual *(su-ch'i)* gilt der Erneuerung des Gemeindebundes mit den abstrakten Gottheiten des Kosmos. Die fünf ursprünglichen Leben spendenden Elemente des »früheren Himmels«, symbolisiert durch die fünf Gottkaiser der fünf Richtungen, werden mit den fünf Richtungspositionen im Tempel verbunden.

Der zweite Tag ist wesentlich von Schriftenlesungen bestimmt. Doch gibt es neue Momente, so die »Morgenaudienz« zwischen drei und fünf Uhr. Sie gilt dem ersten der »Drei Reinen«, Yüan-shih t'ien-tsun. Ein Dokument in grüner Farbe mit den Petitionen der Gemeinde wird »abgeschickt«. Die »Mittagsaudienz« beginnt zwischen neun und elf Uhr und endet um zwölf Uhr. Sie gilt Ling-pao t'ien-tsun. Nun wird ein Dokument in roter Farbe entsandt, versehen mit den Namen und Petitionen individueller Mitglieder des Gemeinwesens. Hierbei sind interessierte Laien im Tempel zugelassen. Am Nachmittag, nach weiteren Schriftenlesungen, folgt noch die bis zum Sonnenuntergang andauernde »Abendaudienz«, die Tao-te t'ien-tsun (Lao-tzu) gilt und in deren Folge ein »gelbes« Memorandum verbrannt bzw. an den Himmel geschickt wird. Die Gemeindemitglieder setzen an fließenden Gewässern Laternen aus *(fang-shui teng)*, um die Seelen der Verstorbenen zum Festmahl am letzten Tag der Feier einzuladen.

Der dritte Tag beginnt mit der Einladung an den »Jade-Kaiser«. Das folgende, *tao-ch'ang* genannte Ritual ist ein Festmahl, das den »Drei Reinen« gemeinsam geopfert wird. Sie werden auf diese Weise im Zentrum des Tempels zusammengeführt, wobei ein Bund zugunsten und im Namen des Gemeinwesens mit ihnen geschlossen wird. Da nun die »Drei Reinen« im Tempelzentrum zugegen sind, erfolgt ihnen gegenüber, unter Ausschluss der Öffentlichkeit, die Darbietung eines Memorandums *(chin-piao)* mit den Namen aller Bewohner des Orts, ihren Petitionen und einer Zusammenfassung der geleisteten liturgischen Anstrengungen.

In den Tempel zurückgezogen, unternehmen es die Taoisten sodann, die exteriorisierten spirituellen Kräfte wieder in den eigenen Leib zurückzunehmen oder zurückzurufen *(shou chen-wen)*. Dies wird als Umkehrung des *su-ch'i* genannten Rituals vom ersten Tag verstanden. Im Anschluss daran wird vor dem Tempel das zuvor genannte Memorandum öffentlich präsentiert, in Wiederholung der Zeremonie im Tempel, aber jetzt mit dem »Jade-Kaiser« als Empfänger. Zudem wird ein großes Plakat an der Tempelwand angebracht, auf dem alle Personen des Gemeinwesens genannt sind, die diese Festivität unterstützt und so an ihr teilgenommen haben.

Am folgenden, *p'u-tu* genannten Bankett für die Seelen in der Unterwelt nimmt jede Familie teil. Vor dem Tempel, aber auch vor den Wohnhäusern werden Tische mit Speisen aufgestellt, gedacht als Festmahl für die Verstorbenen. Dies ist die Gelegenheit für Theatergruppen und Schausteller, mit ihren Vorstellungen zur Unterhaltung aufzutreten. Die Taoisten führen nun in der Öffentlichkeit jenes Ritual *(p'u-tu)* durch, das die Seelen aus den Höllen befreien soll. Das Ende der Chiao-Feier ist wieder eine eigene Angelegenheit für die Taoisten. Im Tempel danken sie den Gottheiten, die das Fest besucht haben, und entlassen sie gewissermaßen zur Rückkehr in ihre ursprünglichen »Residenzen«. Die Arrangements im Tempel werden zurückgenommen, die Bilder eingerollt und die Gottheiten auf ihre alten Plätze zurückgestellt.

Dieser äußere Rahmen ist angefüllt mit verschiedenen begleitenden liturgischen Handlungen eigener Signifikanz, Tanzschritten und anderen rituellen Ausdrucksformen, die in der genannten Sekundärliteratur detailliert beschrieben werden. Generell gilt es zu bedenken, dass der Ablauf solcher Liturgien nicht mit absoluter Sicherheit und für alle Orte oder Zeiten so erfolgen muss wie hier ausgeführt. Vieles basiert auf lokalen Gewohnheiten und mündlichen Überlieferungen, die in den Familien der Taoisten von Generation zu Generation weitergegeben wurden.

Eine allgemein verbindliche, feste Norm, wie eine Chiao-Feier »richtig« auszuführen sei, kann es daher nicht geben.

Konkret müssen wir mit Varianten rechnen, mit Verkürzungen oder Vereinfachungen. In diesen Zeremonien realisiert sich aber immer in seiner ganzen Gewichtigkeit das traditionelle, ideelle und praktische Erbe des Taoismus als Religion. Ob die Ausführenden zölibatäre Ch'üan-chen-Taoisten sind oder im Volk, »am Herd« lebende Cheng-i-Taoisten, in diesen Zeremonien treffen sie sich auf gleicher Ebene. Sie führen Traditionen fort, die auf die Anfänge der Geschichte des Taoismus zurückgehen, wie z.B. die Rezitation des 42. Kapitels des *Tao-te ching* zeigt.

Grundlegende Bedeutung hat dabei stets das Verständnis vom Zusammenhang zwischen dem Mikrokosmos »Mensch« und dem Makrokosmos, die ein gemeinsames göttliches und spirituelles Potenzial verbindet. Es ist ein Privileg des Taoisten, dies zu wissen, die Verbindung dieser Sphären in sich pflegen und äußerlich rituell handhaben zu können, zugunsten der Allgemeinheit wie des Einzelnen.

Der religiöse Taoismus im heutigen China

In der zweiten Hälfte des 20. Jahrhunderts gab es in der VR China grundlegende politische und intellektuelle Entwicklungen, die für das Leben und Wirken des religiösen Taoismus gravierende Folgen zeitigten. Mit der Gründung der VR China 1949 und der Herrschaft der kommunistischen Partei wurde der Marxismus zur dominanten Ideologie. »Religion« wurde als Mittel und Ausdrucksform eines »feudalen Herrschaftssystems« und als »Aberglaube« eingestuft, was zu massiven Repressionen und Verboten religiöser und taoistischer Aktivitäten führte. Dies war u.a. mit der Zerstörung und Zweckentfremdung von Tempeln und Klöstern verbunden, darüber hinaus mit der erzwungenen Laisierung z.B. zölibatär lebender Ch'üan-chen-Taoisten. Die exorzistischen und heilkundlichen Tätigkeiten der Taoisten wurden als »nicht wissenschaftlich« und als »Scharlatanerie« geächtet.[270]

Seit dem Ende der Kulturrevolution 1976, der verheerende Zerstörungen am Kulturerbe und der gewaltsame Tod vieler Menschen anzulasten sind, hat der Taoismus eine gewisse Wiederbelebung erfahren, zumal erkannt worden ist, dass er unterschwellig weiter existierte. Es wurde versucht, ihn im Zuge der »vier Modernisierungen« und gemäß der Politik, Religionsanhänger und Nichtgläubige zum Vorteil des Landes zusammenzuführen, möglichst weitgehend kontrolliert wieder zu beleben. Sehr dienlich ist dabei die »Chinesische Taoistische Vereinigung« mit Sitz im »Belvedere Weiße Wolke« *(Pai-yün kuan)* in Peking, dem früheren T'ien-ch'ang-Belvedere, in dem schon im 12. Jahrhundert u.a. der Ch'üan-chen-Taoist Wang Ch'u-i logierte.[271] Der *Pai-yün kuan* wird auch heute noch von der Ch'üan-chen-Schule geführt und ist das herausragende Schulungszentrum für Taoisten *(tao-shih)*.

Diese taoistische Vereinigung ist also gegenwärtig in maßgeblicher Weise für die Ausbildung taoistischer Priester und die Führung offiziell eröffneter Klöster verantwortlich. Die offizielle Förderung betrifft den Ch'üan-chen-Taoismus, der in Klöstern gewissermaßen kaserniert als gut kontrollierbar erscheint. Liturgien bzw. »normale religiöse Aktivitäten« dürfen offiziell nur innerhalb der Klostermauern stattfinden – ein bewusst ambivalentes Konzept. Vertreter der offiziellen Seite wie auch Taoisten selbst erheben, zumindest öffentlich, den Anspruch, die chinesische »Philosophie« zu bewahren und das Erbe des Lao-tzu zu fördern, wobei religiöse oder rituelle

Belange gerne verschwiegen und gelegentlich sogar geleugnet werden.

In der Realität des Lebens zeigt sich aber, dass rituelle Tätigkeiten sehr wohl auch »privat« verlangt und von Taoisten »außerhalb der Klostermauern« erbracht werden. Dies erstreckt sich vielfach auf Methoden der Heilung mit exorzistischen Mitteln.

Großen Anklang finden, auch unter jungen Intellektuellen, Ch'i-kung-Schulen und ihre Praktiken, die Übereinstimmungen auch zu einzelnen Bereichen religiös-taoistischer Konzepte aufweisen, wobei aber das Element »Religion« nach außen zumeist verdeckt bleibt.

Es ist anzumerken, dass die verheirateten Taoisten (*huo-chü* oder *san-chü*) trotz aller Beschränkung aktiv sind. Seit 1980 werden speziell in Süd- und Südostchina (Kuangtung und Fukien) wieder zunehmend offen die traditionellen Zeremonien des Cheng-i-Taoismus durchgeführt, wobei die unumgängliche Zustimmung lokaler Kader zu den deklarierten »normalen religiösen Aktivitäten« variabel ist und offenbar »den Bedürfnissen des Volkes« entsprechend vergeben wird.

Der Taoismus erfährt seit dem Ende der Kulturrevolution auch ein verstärktes wissenschaftliches Interesse, was zahlreiche neue Editionen taoistischer Werke, Fachzeitschriften und wissenschaftliche Konferenzen belegen, die auch die Bewahrung ebendieses Kulturerbes zum Ziel haben. Das Motiv, Religion durch ihr Studium zu »überwinden«, mag in Universitäten und Akademien immer noch eine gewisse Rolle spielen, doch zeigt sich eine beachtliche Lehr- und Meinungsvielfalt, die in der westlichen Wissenschaft zur Kenntnis genommen werden sollte.

In Südostasien und Taiwan konnten die Taoisten ihre zumeist aus den Provinzen Kuangtung und Fukien stammenden Traditionen ungebrochen bis in die Gegenwart hinein weiterführen. Außerhalb der VR China, vor allem in Südostasien, dient der

Taoismus auch als Identifikationselement diverser Landsmannschaften. Speziell in Taiwan konnte sich der religiöse Taoismus nach dem Ende der fünfzigjährigen japanischen Kolonialherrschaft 1945 als integraler Teil der modernen Kultur etablieren. Hierfür war es sicherlich auch nicht unerheblich, dass die Himmelsmeister-Familie Chang, die Nachfahren Chang Tao-lings, nach Taiwan übersiedelte. Mit Sicherheit kann gesagt werden, dass der Taoismus als Religion in den heutigen chinesischen Gesellschaften weiterhin präsent ist und einen Teil der modernen chinesischen Kultur ausmacht.

Anhang

Anmerkungen

1 R.G. Henricks, Lao-tzu Te-tao ching, a new translation based on the recently discovered Ma-wang-tui texts, New York 1989. E. Schwarz, Laudse. Daudedsching, Nördlingen 1980. H.G. Möller, Laotse Tao Te King, nach den Seidentexten von Mawangdui, Frankfurt/M. 1995. F.C. Reiter, Lao-tzu zur Einführung, Hamburg 1994.

2 R. Wilhelm, Dschuang Dsi. Das wahre Buch vom südlichen Blütenland, Jena 1920. B. Watson, The Complete Works of Chuang Tzu, New York 1969.

3 F.C. Reiter, Lao-tzu zur Einführung, a.a.O., S. 15-36.

4 Ebenda, S. 19-22. R. Wilhelm, Laotse Tao Te King, Jena 1941.

5 Heilkunde und Medizin werden hier als Einheit gesehen, wobei der Unterschied vielfach in den Personen liegt, die diese Fertigkeiten ausüben. Taoisten, Buddhisten u.a. waren vielfach »heilkundig«, aber eben nicht öffentlich bestallte Apotheker/Ärzte. Diese wiederum konnten auch in religiösen Berufen tätig sein. P. Unschuld, Die Praxis des traditionellen chinesischen Heilsystems, unter Einschluß der Pharmazie dargestellt an der heutigen Situation auf Taiwan, Wiesbaden 1973. F.C. Reiter, Conditions, Ways and Means of Healing in the Perspective of the Chinese Taoist, in: Oriens 33, 1992, S. 348-362.

6 Speziell bedeutsam war hier der »Umfassende Katalog aller Schriften in den vier Schatzhäusern« (Ssu-k'u ch'üan-shu tsung-mu), der Katalog (1772) zur Bibliothek des Ch'ing-Kaisers Ch'ien-lung.

7 So z.B. H. Maspero, Le taoïsme et les religions chinoises, Nachdruck, Paris 1971. I. Robinet, La révélation du Shangqing dans l'histoire du taoïsme, 2 Bde., Paris 1984. K. Schipper, Le corps taoïste, Paris 1982. J. Lagerwey, Taoist Ritual in Chinese Society and History, London 1987. T.H. Barrett, Taoism under the T'ang. Religion & empire during the golden age of Chinese history, London 1996.

8 Ch.O. Hucker, A Dictionary of Official Titles in Imperial China,

Stanford 1985 (»Introduction«). H. Schmidt-Glintzer, Geschichte der chinesischen Literatur, Bern 1990, S. 103 ff., 186 ff., 308 ff.

9 J. Legge (Hg. u. Übers.), The Chinese Classics, Hongkong/London 1871 (diverse Nachdrucke). E. Biot, Le Tcheou li ou les Rites des Tcheou, Paris 1851. R. Wilhelm, Li Gi. Das Buch der Riten, Sitten und Gebräuche, Düsseldorf 1981. J. Blofeld, I Ching. The Chinese Book of Changes, London 1976.

10 Ich zitiere jeweils die moderne Edition der Erh-shih-wu shih (»Fünfundzwanzig Dynastiegeschichten«), Peking 1957.

11 W. Bauer, China und die Hoffnung auf Glück, München 1971, S. 290 ff., 309 ff. I.E. Kasoff, The Thought of Chang Tsai (1020-1077), Cambridge 1984. Wing-tsit Chan, A Source Book in Chinese Philosophy, Princeton 1972, S. 460 ff.

12 M. Granet, Das chinesische Denken – Inhalt, Form, Charakter, übers. von M. Porkert, München 1971.

13 Ausgangspunkt dieser bibliographischen Ordnung war in der Han-Zeit zunächst der siebenteilige Katalog des Liu Hsin, Ch'i-lüeh, der nur noch verkürzt in Form der Literatursektion des Han-shu vorliegt. Vgl. hierzu: P. van der Loon, Taoist Books in the Libraries of the Sung Period, Oxford 1984, S. 1-3.

14 Ssu-k'u ch'üan-shu tsung-mu, 2 Bde., Peking 1981.

15 Die vier Kategorien sind: 1. Schriften, 2. Geschichtswerke, 3. Philosophen, 4. Sammlungen *(ching, shih, tzu, chi)*, wobei den ersten eben die größte Bedeutung zukommt. Es handelt sich um eine Rang- oder Werteordnung.

16 Han-shu 30, i-wen chih 10, 1746, Peking 1975. Sui-shu 34, chih 29, 1051, Peking 1973.

17 F.C. Reiter (Hg. u. Übers.), Leben und Wirken Lao-Tzu's in Schrift und Bild, Lao-chün pa-shih-i hua t'u-shuo, Würzburg 1990.

18 K.J. DeWoskin, A Source Guide to the Lives and Techniques of Han and Six Dynasties Fang-shih, in: Bulletin of the Society for the Study of Chinese Religions 9, 1981, S. 79-105. Shih-chi 28, feng-shan shu, 429 b, Taipeh 1970.

19 W. Eichhorn, Die Religionen Chinas, Stuttgart 1973, S. 148 f.

20 Sui-shu 35, chih 30, 1091-1094, Peking 1973.

21 W. Eichhorn, Die Religionen Chinas, a.a.O., S. 29-40. M. Granet, Chinese Civilisation. A Political, Social and Religious History of An-

cient China, übers. von K.E. Innes/M.R. Brailsford, New York 1964, S. 377ff.

22 M. Granet, Das chinesische Denken, a.a.O., S. 110-134.

23 Shih-chi 12, 28. M. Granet, Das chinesische Denken, a.a.O., S. 131ff., 188ff. Die Ming-t'ang wird hier auch als »Haus des Kalenders« bezeichnet. W. Eichhorn, Die Religionen Chinas, a.a.O., S. 110.

24 A.K. Seidel, La divinisation de Lao Tseu dans le taoïsme des Han, Paris 1969, S. 5ff., 50ff.

25 Zur Assoziation von »Erde«, »Mitte« und der Zahl »5« vgl.: M. Granet, Das chinesische Denken, a.a.O., S. 143 u.ö.

26 Shih-chi 1, 1aff. (»Die Annalen der fünf Gottkaiser«, Wu-ti pen-chi).

27 W. Eichhorn, Die Religionen Chinas, a.a.O., S. 104.

28 Ebenda, S. 105.

29 Ebenda, S. 105 f.

30 A.K. Seidel, La divinisation de Lao Tseu dans le taoïsme des Han, a.a.O., S. 34ff., 50ff.

31 W. Eichhorn, Die Religionen Chinas, a.a.O., S. 110ff.

32 Shih-chi 28, 437b.

33 W. Eichhorn, Die Religionen Chinas, a.a.O., S. 72-75.

34 Shih-chi, 28, 438a.

35 W. Eichhorn, Die Religionen Chinas, a.a.O., S. 112f.

36 Shih-chi 6, 77b.

37 W. Eichhorn, Die Religionen Chinas, a.a.O., S. 112f.

38 Shih-chi 28, 427a.

39 Shih-chi 28, 427a-b.

40 San-kung. Vgl. Ch.O. Hucker, A Dictionary of Official Titles in Imperial China, a.a.O., Nr. 4871.

41 Abschnitt »Wang-chih« in: Li-chi 414. Vgl. Huang K'an (Hg.), Pai-wen shih-san ching, Shanghai 1983.

42 Vgl. den voranstehenden Abschnitt und generell Shih-chi 28.

43 Shih-chi 28, 429b. Ch'ang Hung wurde im Staat Chin festgenommen und hingerichtet.

44 Zu einem Beispiel aus dem 12./13. Jahrhundert vgl.: F.C. Reiter, Grundelemente und Tendenzen des religiösen Taoismus. Das Spannungsverhältnis von Integration und Individualität in seiner Geschichte zur Chin-, Yüan- und frühen Ming-Zeit, Stuttgart 1988, S. 83 (Münchener Ostasiatische Studien, Bd. 48).

45 K.J. DeWoskin, A Source Guide to the Lives and Techniques of Han and Six Dynasties Fang-shih, a.a.O., S. 79-105.

46 Der Themenkreis wird gut dargestellt in: W. Eichhorn, Die Religionen Chinas, a.a.O., S. 55 ff.

47 Ebenda, S. 131-133. W. Eberhard, Geschichte Chinas, Stuttgart 1971, S. 107 ff., 112 ff.

48 Die Abschnitte Ch'iu-kuan und Hsia-kuan.

49 Huang K'an (Hg.), Pai-wen shih-san ching, Chou-li Ch'iu-kuan, S. 100 f.

50 Ders. (Hg.), Chou-li, S. 91-93 (Chih-fang shih, T'u-fang shih, Huai-fang shih, Ho-fang shih, Hsün-fang shih, Hsing-fang shi).

51 Es ist der erstgenannte Chih-fang shih, s.o. Die Verwahrung der Karten des Reiches wird als erste, also wichtigste Aufgabe genannt.

52 Huang K'an (Hg.), Chou-li, S. 85. Vgl. auch W. Eichhorn, Die Religionen Chinas, a.a.O., S. 66.

53 K. Schipper, L'empereur Wou des Han dans la légende taoïste, Han Wou-ti nei-tchouan, Paris 1965, S. 35. Vgl. besonders: Han-shu, 82 a/b (Fang-shu lieh chuan), Peking 1973. W. Eichhorn, Die Religionen Chinas, a.a.O., S. 117-122.

54 Zum Begriff »Kunstfertigkeiten« sei bemerkt, dass der Terminus »Männer von Kunstfertigkeit« *(shu-shih)* auch die Gelehrten bezeichnen kann. Die Ch'in-Herrschaft soll versucht haben, sie zu vernichten, die sie mit dem »Tao der frühen Könige« und mit dem klassischen Schrifttum verbunden waren. Vgl. Shih-chi 118, 984 b.

55 Shih-chi 118, 983b (Huai-nan wang An).

56 Han-shu, Kap. 30 (i-wen chih 10), S. 1778-1780 (Ching-fang che; Fang-chung che; Shen-hsien che).

57 A.F.P. Hulsewé, Watching the Vapours. An Ancient Chinese Technique of Prognostication, in: Nachrichten der Gesellschaft für Natur- und Völkerkunde Ostasiens/Hamburg 125, 1979, S. 40-49. F.C. Reiter, »Auspicious Clouds«. An Inspiring Phenomenon of Common Interest in Traditional China, in: Zeitschrift der Deutschen Morgenländischen Gesellschaft (ZDMG) 141, 1991, S. 114-130.

58 H.A. Giles, A Chinese-English Dictionary, Nr. 3435, Shanghai 1892.

59 K.J. DeWoskin, A Source Guide to the Lives and Techniques of Han and Six Dynasties Fang-shih, a.a.O., S. 85.

60 Eine Auflistung namentlich bekannter *fang-shih* und ihrer Techniken

gibt: K.J. DeWoskin, A Source Guide to the Lives and Techniques of Han and Six Dynasties Fang-shih, a.a.O., S. 87-98, wo auch die Quellen vermerkt werden.

61 F.C. Reiter, Bai Yuchan's (fl. 1209-1224) understanding of Laozi's dictum »the valley spirit never dies«, in: Chinablätter 19, 1994, S. 13-26.

62 W. Eichhorn, Die Religionen Chinas, a.a.O., S. 55-58.

63 H. Schmidt-Glintzer, Geschichte der chinesischen Literatur, Bern 1990, S. 20, 87.

64 Shuo-wen chieh-tzu 100a, Peking 1979. Obgleich also *»wu«* eigentlich die »Schamanin« meint, hat sich allgemein für den Typ der Profession die Übersetzung »Schamane« eingebürgert.

65 W. Eichhorn, Die Religionen Chinas, a.a.O., S. 59f.

66 W. Bauer, China und die Hoffnung auf Glück, a.a.O., z.B. S. 142-148.

67 Ebenda, S. 173. Die Farbe »Gelb« bezieht sich auf die Gottheit Huang-ti (»Gelber Kaiser«), die besondere Verehrung genoss. W. Eberhard, Geschichte Chinas, a.a.O., S. 119ff. Diese Bewegung ist von den T'ai-p'ing-Rebellen des Hung Hsiu-ch'üan im 19. Jahrhundert zu unterscheiden. Vgl. W. Eberhard, Geschichte Chinas, a.a.O., S. 357ff.

68 Das T'ai-p'ing ching liegt im taoistischen Kanon vor, TT 1101. Ich zitiere die Edition Cheng-t'ung tao-tsang, 61 Bde., Taipeh 1977, abgekürzt: TT (plus Titelnummer). Vgl. auch Wang Ming, T'ai-p'ing ching ho-chiao, Peking 1979. Hierzu vgl. speziell: M. Kaltenmark, The Ideology of the T'ai-p'ing ching, in: H. Welch/A. Seidel (Hg.), Facets of Taoism, London 1979, S. 19-52. B.J. Mansvelt Beck, The Date of the Taiping Jing, in: T'oung Pao LXVI, 4-5, S. 149-182. W. Eichhorn, Die Religionen Chinas, a.a.O., S. 140-143.

69 W. Eberhard, Geschichte Chinas, a.a.O., S. 117-121.

70 W. Eichhorn, Die Religionen Chinas, a.a.O., S. 140-143. W. Eberhard, Geschichte Chinas, a.a.O., S. 119.

71 Siehe den voranstehenden Abschnitt. Siehe M. Kaltenmark, The Ideology of the T'ai-p'ing ching, a.a.O., S. 40, 45.

72 B.J. Mansvelt Beck, The Date of the Taiping Jing, a.a.O., S. 155-159.

73 M. Kaltenmark, The Ideology of the T'ai-p'ing ching, a.a.O., S. 19. B.J. Mansvelt Beck, The Date of the Taiping Jing, a.a.O., S. 155f. Auf Betreiben des Bibliothekars Liu Hsiang, der den Kaiser »betrogen und die Massen durch die Anführung von Geistern und Dämonen

verführt« sah, wurde das Buch abgelehnt, sein Urheber eingesperrt. Ein weiterer Versuch unter Kaiser Ai (5 v. Chr.) durch Hsia Ho-liang schlug ebenfalls fehl, u.a. aufgrund des Einspruchs von Liu Hsiangs Sohn, Liu Hsin, der z.B. eine mangelnde Übereinstimmung mit den »Fünf klassischen Schriften« monierte.

74 M. Kaltenmark, The Ideology of the T'ai-p'ing ching, a.a.O., S. 20. B.J. Mansvelt Beck, The Date of the Taiping Jing, a.a.O., S. 158.

75 M. Kaltenmark, The Ideology of the T'ai-p'ing ching, a.a.O., S. 20. B.J. Mansvelt Beck, The Date of the Taiping Jing, a.a.O., S. 163.

76 Wang Ming, T'ai-p'ing ching ho-chiao, a.a.O., S. 18-20 (Ho san-ch'i hsing ti-wang fa).

77 M. Kaltenmark, The Ideology of the T'ai-p'ing ching, a.a.O., S. 22f. W. Eichhorn, Die Religionen Chinas, a.a.O., S. 142f. Wang Ming, T'ai-p'ing ching ho-chiao, a.a.O., S. 36, 44.

78 M. Kaltenmark, The Ideology of the T'ai-p'ing ching, a.a.O., S. 24.

79 Ebenda, S. 23. Wang Ming, T'ai-p'ing ching ho-chiao (Shou i-ming fa), a.a.O., S. 18-34, 16.

80 Wang Ming, T'ai-p'ing ching ho-chiao, a.a.O., S. 18-34, 13 (Hsiu-i ch'ü-hsieh fa) sowie S. 15f. (Shou i-ming fa). Hierbei handelt es sich um »die Basis des langen Lebens« (S. 16).

81 Wang Ming, T'ai-p'ing ching ho-chiao, a.a.O., S. 21f. (Hsüan-hsiang huan-shen fa, u.a.).

82 B.J. Mansvelt Beck, The Date of the Taiping Jing, a.a.O., S. 155-159.

83 M. Kaltenmark, The Ideology of the T'ai-p'ing ching, a.a.O., S. 22f. Wang Ming, T'ai-p'ing ching ho-chiao, a.a.O., S. 18-34, 18 (Ming wei shen chüeh shu); S. 18f. (Ho san-ch'i hsing ti-wang fa).

84 M. Kaltenmark, The Ideology of the T'ai-p'ing ching, a.a.O., S. 23. Wang Ming, T'ai-p'ing ching ho-chiao, a.a.O., S. 35, 32.

85 F.C. Reiter, Leben und Wirken Lao-Tzu's in Schrift und Bild, a.a.O., S. 38f. Die Übergabe des T'ai-p'ing ching erfolgt hier an Yü Chi (eine Schreibvariante ist Kan Chi). Das T'ai-p'ing ching hat demnach 170 Kapitel.

86 Vgl. Wang Ming, T'ai-p'ing ching ho-chiao, a.a.O., S. 104-107, 473-509.

87 F.C. Reiter, Conditions, Ways and Means of Healing in the Perspective of the Chinese Taoist, a.a.O., S. 348-362.

88 Wang Ming, T'ai-p'ing ching ho-chiao, a.a.O., S. 91, 348.

89 Ebenda, S. 91, 348.

90 Ebenda, S. 118, 672.

91 »Himmel und Mensch bilden einen Leib« (T'ien-jen i-t'i). Vgl. ebenda, S. 18-34, 18; 18-34, 20.

92 Ebenda, S. 18-34, 19.

93 Ebenda, S. 18-34, 20.

94 M. Kaltenmark, The Ideology of the the T'ai-p'ing ching, a.a.O., S. 33f. Wang Ming, T'ai-p'ing ching ho-chiao, a.a.O., S. 67, 241-243 (Liu-tsui shih-chih chüeh).

95 M. Kaltenmark, The Ideology of the T'ai-p'ing ching, a.a.O., S. 41-44. Auch für die nachstehenden Angaben.

96 Wang Ming, T'ai-p'ing ching ho-chiao, a.a.O., S. 18-34, 12, 14.

97 Ebenda, S. 120-136, 699.

98 Ebenda, S. 1-17, 14.

99 Bezeichnenderweise ist dies der (weltliche) Zuname von Lao-tzu bzw. T'ai-shang Lao-chün. Es handelt sich hier um eine Wiedergeburt Lao-tzus unter dem weltlichen Namen Li Hung. Vgl. W. Bauer, China und die Hoffnung auf Glück, a.a.O., S. 183.

100 Wang Ming, T'ai-p'ing ching ho-chiao, a.a.O., S. 1-17, 2f. Die hier beschriebene Geburt dieser Gottheit erinnert an die Geburtslegenden von Buddha und Lao-tzu. Vgl. F.C. Reiter, Leben und Wirken Lao-Tzu's in Schrift und Bild, a.a.O., S. 22 .

101 Für die folgenden Ausführungen vgl.: W. Eichhorn, Die Religionen Chinas, a.a.O., S. 140-143. W. Bauer, China und die Hoffnung auf Glück, a.a.O., S. 173, 183.

102 Epidemien als göttliche Strafen konnten z.B. durch Verletzungen der »Haut von Mutter Erde« infolge von Erdarbeiten (Brunnenbohrungen etc.) verursacht werden. Vgl. Wang Ming, T'ai-p'ing ching ho-chiao, a.a.O., S. 45, 118f.

103 Ebenda, S. 104-107, 473ff.

104 Chang Ling wurde von T'ai-shang Lao-chün initiiert. Die konkrete Führung eines taoistischen, temporären Kleinstaats in Szechwan wird seinem Enkel Chang Lu zugeschrieben. Wir folgen der späteren taoistischen Tradition und sprechen von Chang Tao-ling als Schulgründer und erstem Führer des religiösen Taoismus.

105 K. Schipper, Le corps taoïste, a.a.O., S. 65ff. J. Lagerwey, Taoist Ritual in Chinese Society and History, a.a.O., S. 253ff. W. Eichhorn, Die Religionen Chinas, a.a.O., S. 143-149. F.C. Reiter, Grundele-

mente und Tendenzen des religiösen Taoismus, a.a.O., S. 11-40. R.A. Stein, Religious Taoism and Popular Religion from the Second to Seventh Centuries, in: H. Welch/A. Seidel (Hg.)., Facets of Taoism, a.a.O., S. 53-81.

106 V. Olles, Spuren des Himmelsmeisters. Zur Rolle von Zhang Daoling in der frühen daoistischen Religion, Münster 1998, S. 11f.

107 Vgl. das Kapitel über Schamanen und Experten.

108 M. Strickmann, Therapeutische Rituale und das Problem des Bösen im frühen Taoismus, in: G. Naundorf u.a. (Hg.), Religion und Philosophie in Ostasien, Würzburg 1985, S. 185ff.

109 W. Eichhorn, Die Religionen Chinas, a.a.O., S. 146.

110 Ebenda, S. 146f.

111 F.C. Reiter, Grundelemente und Tendenzen des religiösen Taoismus, a.a.O., S. 76ff., 92ff. Eine »Affiliationsgeschichte« der Himmelsmeister des Chang-Klans in der Redaktion des 50. Patriarchen Chang Kuo-hsiang aus dem Jahr 1607 liegt im taoistischen Kanon vor: TT 1463 Han t'ien-shih shih-chia.

112 Vgl. den alten, aus dem 4. Jahrhundert stammenden Ling-pao-Titel TT 1407 Tung-hsüan ling-pao erh-shih-ssu sheng t'u-ching. »24« ergibt sich aus »3 mal 8«, womit die acht Richtungen in den drei Sphären Himmel, Mensch und Erde gemeint sind bzw. die entsprechenden »Lebensenergien«. Vgl. auch TT 296 Li-shih chen-hsien t'i-tao t'ung-chien 18, 7b-8a, 13a.

113 F.C. Reiter, Der Perlenbeutel aus den Drei Höhlen (San-tung chunang). Arbeitsmaterialien zum Taoismus der frühen T'ang-Zeit, Wiesbaden 1990, S. 107-116. Im siebten Kapitel dieses Buches sind weitere Korrespondenzsysteme zur Zahl »24« aufgeführt.

114 TT 296 Li-shih chen-hsien t'i-tao t'ung-chien 18, 15a. Biografie des Chang T'ien-shih (Tao-ling). Vgl. die vorausgehende Anmerkung.

115 W. Eichhorn, Die Religionen Chinas, a.a.O., S. 147.

116 F.C. Reiter, Some Observations Concerning Taoist Foundations in Traditional China, in: Zeitschrift der Deutschen Morgenländischen Gesellschaft (ZDMG) 133, 1983, S. 363-376.

117 Vgl. z.B. Wang Ming, T'ai-p'ing ching ho-chiao, a.a.O., S. 29ff. (Fenpieh p'in-fu fa).

118 Von den vielen Biografien sei eine genannt: TT 296 Li-shih chenhsien t'i-tao t'ung chien 18, 1a-25a.

119 Vgl. F.C. Reiter, Leben und Wirken Lao-Tzu's in Schrift und Bild, a.a.O., S. 39. TT 296: 18, 6b-8a (Chang t'ien-shih).

120 R.A. Stein, Religious Taoism and Popular Religion, a.a.O., S. 61 f.

121 W. Eichhorn, Die Religionen Chinas, a.a.O., S. 144.

122 Ebenda, S. 149. TT 296: 18, 23a.

123 Ebenda, S. 144 f.

124 Ebenda, S. 144. Hiermit verbunden ist das »Register« *(lu)*, in dem die göttlichen und dämonischen Kräfte beim Namen genannt werden und daher »ansprechbar« sind. Vgl. z.B. TT 296: 18, 20a.

125 Vgl. das Kapitel über Schamanen und Experten.

126 R.A. Stein, Religious Taoism and Popular Religion, a.a.O., S. 60 ff.

127 R.A. Stein (ebenda, S. 60 f.) zeigt, dass Chang Tao-ling den Komplex *kuei-tao* von seiner Mutter überliefert bekommen haben soll. Völlig offen ist m.E. die Frage, wie hoch ein Beitrag der in Szechwan lebenden und am T'ien-shih-Taoismus partizipierenden völkischen Minderheiten zum Komplex *kuei-tao* anzusetzen ist, wenn überhaupt. Autoren aus der VR China wollen hier wesentliche Einflüsse ausmachen.

128 R.A. Stein, Religious Taoism and Popular Religion, a.a.O., S. 62.

129 Ebenda, S. 61.

130 Blutopfer blieben – lokal und wohl eher als Ausnahmefall – Realität in China, wie der Ming-Text TT 1476 Sou-shen chi 25b (Biografie: Sa Shou-chien) belegt. Vgl. F.C. Reiter, Some Notices on the »Magic Agent Wang« (Wang ling-kuan) at Mt. Ch'i-ch'ü in Tzu-t'ung District, Szechwan Province, in: Zeitschrift der Deutschen Morgenländischen Gesellschaft (ZDMG) 148, 1998, S. 335.

131 R.A. Stein, Religious Taoism and Popular Religion, a.a.O., S. 57, 63.

132 Ebenda, S. 56 ff., 79.

133 Ebenda, S. 68-71.

134 Zu Ssu-ma Ch'eng-chen vgl.: R. Kirkland, Ssu-ma Ch'eng-chen and the role of Taoism in the medieval Chinese polity, in: Journal of Asian History 31, 2, 1997, S. 105-138. W. Eichhorn, Die Religionen Chinas, a.a.O., S. 234.

135 Hierzu sei nochmals auf die umfassenden Ausführungen von R.A. Stein verwiesen.

136 R.A. Stein, Religious Taoism and Popular Religion, a.a.O., S. 60 f.

137 Vgl. die fundamentalen Ausführungen im Artikel von R.A. Stein. Vgl. ferner Anmerkung 1.

138 Vgl. den Abschnitt »Das Ideal der ›Bewegung Universalharmonie‹ *(t'ai-p'ing)* in der Han-Zeit«.

139 Der Auftrag wurde 1406 n. Chr. an Chang Yü-ch'u vergeben, s.u.

140 J.M. Boltz, A Survey of Taoist Literature. Tenth to Seventeenth Centuries, Berkeley 1987, S. 4ff. P. van der Loon, Taoist Books in the Libraries of the Sung Period, Oxford 1984, S. 29ff. Vgl. auch F.C. Reiter, The Taoist Canon of 749 A.D. at the Southern Indian Belvedere in Jen-shou District, Szechwan Province, in: Zeitschrift der Deutschen Morgenländischen Gesellschaft (ZDMG) 148, 1998, S. 111-124.

141 Harvard-Yenching Institute Sinological Index Series, Nr. 25, Combines Indices to the Authors and Titles of Books in Two Collections of Taoist Literature, Nachdruck, Taipeh 1966, S. 29ff.

142 I. Robinet, La révélation du Shangqing dans l'histoire du taoïsme, a.a.O. M. Strickmann, Le taoïsme du Mao Chan. Chronique d'une révélation, Paris 1981, S. 7ff. J.M. Boltz, A Survey of Taoist Literature, a.a.O., S. 7-9.

143 F.C. Reiter, The Aspirations and Standards of Taoist Priests in the early T'ang Period, in: Asien- und Afrika-Studien an der Humboldt-Universität zu Berlin, Bd. 1, Wiesbaden 1998.

144 Vgl. die vorausgehende Anmerkung, speziell S. 133ff.

145 F.C. Reiter, Grundelemente und Tendenzen des religiösen Taoismus, a.a.O., S. 27-29. Vgl. TT 1232 Tao-men shih-kuei 5a.

146 So TT 1127 Lu hsien-sheng tao-men k'o-i; TT 1128 Tao-men ching-fa hsiang-ch'eng tz'u-hsü; TT 1129 Tao-chiao i-shu.

147 Vgl. die lange Liste in: Harvard-Yenching Institute Sinological Index Series, Nr. 25, a.a.O., S. 33b-35b (Cheng-i pu).

148 Ebenda, z.B. S. 1-9 (Tung-chen pu).

149 Vgl. den Abschnitt »Hilfe und Führung« in TT 1139 San-tung chu-nang 1, 1a-23b. Vgl. F.C. Reiter, Der Perlenbeutel aus den Drei Höhlen (San-tung chu-nang), a.a.O., S. 9-31.

150 M. Saso, Taoism and the Rite of Cosmic Renewal, Washington 1972. J. Lagerwey, Taoist Ritual in Chinese Society and History, a.a.O.

151 F.C. Reiter, The Aspirations and Standards of Taoist Priests in the Early T'ang Period, a.a.O., S. 133ff.

152 Vgl. auch den distanziert gefassten Überblick in: Sui-shu 35, Ching-chi chih 4, Peking 1973.

153 Vgl. Anmerkung 143.
154 F.C. Reiter, The Aspirations and Standards of Taoist Priests, a.a.O., S. 159, zit. nach: TT 1125 Tung-hsüan ling-pao san-tung feng-tao k'o-chieh ying-shih 5, 3b.
155 F.C. Reiter, The Taoist Canon of 749 A.D. at the Southern Indian Belvedere, a.a.O., S. 118.
156 Shih-chi 63, 677b, Taipeh 1970.
157 T.H. Barrett, Taoism under the T'ang, a.a.O., S. 20ff. TT 593 Li-tai ch'ung-tao chi 5a.
158 Sui-shu 35, S. 1091-1095.
159 E. Zürcher, Buddhist Influence on Early Taoism, in: T'oung Pao 66, 1980, S. 84-147.
160 F.C. Reiter, The Aspirations and Standards of Taoist Priests in the Early T'ang Period, a.a.O., S. 57ff., 69ff.
161 Also der vergöttlichte Autor des Tao-te ching, Lao-tzu.
162 Zu dieser Thematik vgl. z.B.: M. Strickmann, Le taoïsme du Mao Chan, a.a.O. Der Empfang solcher Offenbarungen war nicht an das Geschlecht gebunden. Frauen spielen hier eine ebenso gewichtige Rolle wie Männer.
163 In diesem Sinne vgl.: TT 1125 Tung-hsüan ling-pao san-tung feng-tao k'o-chieh ying-shih 4, 7a (Wu-ch'ien wen ch'ao-i tsa-shuo 1 chüan). Vgl. auch F.C. Reiter, The Aspirations and Standards of Taoist Priests in the Early T'ang Period, a.a.O., S. 136.
164 M. Drexler, Daoistische Schriftmagie. Interpretationen zu den Schriftamuletten Fu im Daozang, Stuttgart 1994 (Münchener Ostasiatische Studien, Bd. 68).
165 Wang Ming, T'ai-p'ing ching ho-chiao, a.a.O., S. 473-509. Für die Ch'ing-wei-Schule (14. Jahrhundert) vgl. z.B. TT 223 Ch'ing-wei yüan-chiang ta-fa, die Kapitel 6-12.
166 F.C. Reiter, The Aspirations and Standards of Taoist Priests in the Early T'ang Period, a.a.O., S. 92-96.
167 N. Ofuchi, On Ku Ling-pao ching, in: Acta Asiatica 27, 1974, S. 33-56. Vgl. F.C. Reiter, The Taoist Canon of 749 A.D. at the Southern Indian Belvedere, a.a.O., S. 118.
168 TT 1407 Tung-hsüan ling-pao erh-shih-ssu sheng t'u-ching. Vgl. Jen Chi-yü (Hg.), Tao-tsang t'i-yao, Nr. 1395, Peking 1991, S. 1117f. S.R. Bokenkamp, Sources of the Ling-pao Scriptures, in: M. Strick-

mann (Hg.), Tantric and Taoist Studies, Bd. 2, Brüssel 1983, S. 434-486.

169 Vgl. die vorausgehende Anmerkung.

170 Z.B. TT 1407: 6b-8b.

171 TT 1407: 18b-21a.

172 TT 1407: 21a-48a.

173 Purpur, Zinnober(-Rot), Gold und Jade sind Symbole für reines *yang*, für absolute Beständigkeit und Pretiosität, wie sie nur in himmlischen, ewigen Sphären gegeben sind.

174 Vgl. auch TT 401 und 402 Huang-t'ing nei-ching yü-ching chu u.a. Zu einer schematischen Übersicht zu den Gottheiten der »drei Sektionen«, bezogen freilich auf den Kontext des Huang-t'ing ching, vgl.: R. Homann, Die wichtigsten Körpergottheiten im Huang-t'ing ching, Göppingen 1971, S. 47-51.

175 H. Maspero, Le taoïsme et les religions chinoises, a.a.O., S. 303ff. I. Robinet, Meditation taoïste, Paris 1979.

176 Auf einer eher philosophisch argumentierenden Ebene hat H.G. Creel den Begriff »Hsien-Taoism« geprägt. Vgl. H.G. Creel, What is Taoism? And Other Studies in Chinese Cultural History, Chicago 1970, S. 7.

177 Die beste Übersicht zur chinesischen Zahlenemblematik gibt: M. Granet, Das chinesische Denken, a.a.O., S. 110ff.

178 Oder den »Saatmenschen«, vgl. den Abschnitt über »Das Ideal der ›Bewegung Universalharmonie‹ *(t'ai-p'ing)* in der Han-Zeit«.

179 TT 1407: 3b. Dieser Name ist mit dem Shang-ch'ing-Taoismus verbunden. Zu einer Übersetzung der entsprechenden Biografie TT 442 Shang-ch'ing hou-sheng tao-chün lieh-chi vgl.: M. Strickmann, Le taoïsme du Mao Chan, a.a.O., S. 209-224.

180 F.C. Reiter, Die Einundachtzig Bildtexte zu den Inkarnationen und Wirkungen Lao-chün's. Dokumente einer tausendjährigen Polemik in China, in: Zeitschrift der Deutschen Morgenländischen Gesellschaft (ZDGM) 136, 1986, S. 460f. Es sei freilich auch erwähnt, dass im 10./11. Jahrhundert Lao-tzu u.a. zugleich mit den »Ehrennamen« Yüan-shih t'ien-tsun und Tao-chün identifiziert wird. Vgl. TT 772 T'ai-shang Lao-chün chin-shu nei-hsü 2b.

181 D.h. in der »meditativen Innenschau«.

182 TT 1407: 6b, 8b.

183 TT 97 T'ai-shang ling-pao chu-t'ien nei-yin tzu-jan yü-tzu.
184 TT 97: 1, 1a.
185 TT 97: 1, 14a-15b.
186 TT 97: 1, 14b.
187 Ein bekannter Titel lautet denn auch »Erklärungen der Vollkommenen« (TT 1016 Chen-kao).
188 F.C. Reiter, Ch'iu Ch'u-chi, ein »Alchemist« im China des frühen 13. Jahrhunderts. Neue Gesichtspunkte für eine historische Bewertung, in: Zeitschrift der Deutschen Morgenländischen Gesellschaft (ZDMG) 139, 1989, S. 184-207. Vgl. vor allem: A. Waley, The Travels of an Alchemist. The journey of the Taoist Ch'ang-ch'un from China to the Hindukush at the summons of Chingiz Khan, Nachdruck, London 1963.
189 TT 176 Hsüan-feng ch'ing-hui lu. Autor: Yeh-lü Ch'u-ts'ai.
190 TT 176: 4a.
191 TT 176: 4a, wo auch die Begegnung eines Wang Tsuan mit T'ai-shang Tao-chün (T'ai-shang Lao-chün) verzeichnet wird.
192 Das ist der »heilige Berg der Mitte«.
193 TT 176: 4a-4b. Das Spektrum der Aktivitäten der »Meister des Tao«.
194 TT 176: 4b-5a.
195 TT 176: 5a.
196 TT 176: 5b.
197 TT 176: 5b.
198 TT 176: 6a. Lin Ling-su ist ein berühmter Exponent der Shen-hsiao-Gruppe, zu deren Spezialität im rituellen Bereich u.a. die »Fünf-Donner-Methode« *(wu-lei fa)* gehört, die im weiten Rahmen des Cheng-i-Taoismus steht.
199 F.C. Reiter, Ch'iu Ch'u-chi, ein »Alchemist« im China des frühen 13. Jahrhunderts, a.a.O., S. 184-207.
200 Vgl. TT 1139 San-tung chu-nang 3, 1a-29a; 4, 1a-5b; F.C. Reiter, Der Perlenbeutel aus den Drei Höhlen (San-tung chu-nang), a.a.O., S. 42-76. Wesentlich handelt es sich um ältere Shang-ch'ing-Quellen.
201 F.C. Reiter, Der Perlenbeutel aus den Drei Höhlen (San-tung chu-nang), a.a.O., S. 24f.
202 TT 176 Hsüan-feng ch'ing-hui lu 3b.
203 T'ai-p'ing ching 45, nach TT 1139 San-tung chu-nang 1, 22a. Vgl.

F.C. Reiter, Der Perlenbeutel aus den Drei Höhlen (San-tung chu-nang), a.a.O., S. 30.

204 T'ai-p'ing ching 45, vgl. die vorausgehende Anmerkung.

205 Vgl. den Abschnitt »Aufgabe, Leben und Sein des Menschen«.

206 TT 176 Hsüan-feng ch'ing-hui lu 1a führt die vier Kernbegriffe *»kuei«* (Dämon), *»shen«* (Gottheit, spirituelle Kraft), *»jen«* (Mensch), »wu« (Ding, Wesen) an, nicht die Hun- und P'o-Seelen. Hierzu vgl. W. Eichhorn, Die Religionen Chinas, a.a.O., S. 65, 81-83. Vgl. auch R. Homann, Die wichtigsten Körpergottheiten im Huang-t'ing ching, a.a.O., S. 32, 147-153. F.C. Reiter, Der Perlenbeutel aus den Drei Höhlen (San-tung chu-nang), a.a.O., S. 44, 48, 53f.

207 Die taoistische Diätetik dient u.a. dem Zweck, diese Elemente oder Kräfte, welche die physische Existenz vernichten, zu beseitigen. Vgl. F.C. Reiter, Der Perlenbeutel aus den Drei Höhlen (San-tung chu-nang), a.a.O., S. 42f., 48, 53f., 57. R. Homann, Die wichtigsten Körpergottheiten im Huang-t'ing ching, a.a.O., S. 42.

208 T'ai-i ist eine alte Gottheit, die bereits in der Zeit vor der Zeitenwende (u.a. als *ssu-ming*/»Verwalter der Schicksale«) bekannt ist. Später, in der Han-Zeit, wird er mit Sternkonstellationen verbunden und geht in die Sphäre des Taoismus ein. Er wird gelegentlich mit Yüan-shih t'ien-tsun identifiziert. T'ai-i hat sein Logis auch im Zinnoberpalast im Kopf des Menschen, als »Körpergottheit«. Vgl. W. Eichhorn, Die Religionen Chinas, a.a.O., S. 66, 114f., 151 u.a.

209 F.C. Reiter, Der Perlenbeutel aus den Drei Höhlen (San-tung chu-nang), a.a.O., S. 98f.

210 Ebenda, S. 101f.

211 Der Mensch hat eigentlich drei »Zinnoberfelder« *(tan-t'ien)*, von Gottheiten beherrschte Kraftzentren im Menschenleib. Vgl. W. Eichhorn, Die Religionen Chinas, a.a.O., S. 151.

212 F.C. Reiter, Der Perlenbeutel aus den Drei Höhlen (San-tung chu-nang), a.a.O., S. 102f.

213 TT 1125 Tung-hsüan ling-pao san-tung feng-tao k'o-chieh ying-shih 1, 2a-8b. Vgl. F.C. Reiter, The Aspirations and Standards of Taoist Priests, a.a.O., S. 57-69.

214 TT 590 Tao-chiao ling-yen chi.

215 TT 590: 2, 6b.

216 TT 1125: 1, 8b - 12a. Vgl. F. C. Reiter, The Aspirations and Standards of Taoist Priests, a. a. O., S. 69 - 74.

217 F. C. Reiter, Grundelemente und Tendenzen des religiösen Taoismus, a. a. O., S. 58 - 67, bes. S. 59.

218 Dies gilt sicher für bestimmte Schriften Tu Kuang-t'ings und Chin-ming Ch'i-chens (z. B. TT 590 und 1125).

219 Vgl. F. C. Reiter, Der Perlenbeutel aus den Drei Höhlen (San-tung chu-nang), a. a. O., S. 107-116, wo das ganze System der »Amtsbereiche« gemäß der Schrift Wu-yüeh ming-shan t'u in TT 1139 San-tung chu-nang 7, 1a - 6a dargestellt wird, bzw. 7, 6a - 15a (Chang T'ien-shih erh-shih-ssu chih t'u).

220 Zur ersten Bedeutung vgl.: H. A. Giles, A Chinese-English Dictionary, a. a. O., Nr. 6363; zur zweiten vgl.: ebenda, Nr. 6353.

221 F. C. Reiter, Some Observations Concerning Taoist Foundations in Traditional China, a. a. O., S. 363 - 376.

222 Ders., Die »Einundachtzig Bildtexte zu den Inkarnationen und Wirkungen Lao-chün's«. Dokumente einer tausendjährigen Polemik in China, a. a. O., S. 465.

223 Diesem Thema ist TT 1132 Shang-ch'ing tao lei-shih hsiang fast ausschließlich gewidmet.

224 Traditionell 1001 - 946 v. Chr.

225 Traditionell 1078 - 1052 v. Chr.

226 Dies ist historisch nicht belegt.

227 F. C. Reiter, Kategorien und Realien im Shang-ch'ing-Taoismus (Shang-ch'ing tao lei-shih hsiang). Arbeitsmaterialien zum Taoismus der frühen T'ang-Zeit, Wiesbaden 1992, S. 26, bezogen auf TT 1132 Shang-ch'ing tao lei-shih hsiang.

228 TT 1125 Tung-hsüan ling-pao san-tung feng-tao k'o-chieh ying-shih 1, 12b - 19b (Chih-kuan p'in). Vgl. F. C. Reiter, The Aspirations and Standards of Taoist Priests in the Early T'ang Period, a. a. O., S. 76 - 84.

229 I. e. die Residenz der »Königlichen Mutter des Westens« und die »Inseln der Unsterblichen«.

230 Besonders sei auf den Quellentyp »Lokalgazette« *(ti-fang chih)* verwiesen.

231 F. C. Reiter, The »Investigation Commissioner of the Nine Heavens« and the Beginning of his Cult in Northern Chiang-hsi in 731 A. D., in: Oriens 31, 1988, S. 266 - 289.

232 Verbunden mit dem Mönch Shih Hui-yüan (334-416 n. Chr.).

233 TT 1125 Tung-hsüan ling-pao san-tung feng-tao k'o-chieh ying-shih 2, 1a-5b (Tsao-hsiang p'in). Vgl. F.C. Reiter, The Aspirations and Standards of Taoist Priests in the Early T'ang Period, a.a.O., S. 84-92. Ders., The Visible Divinity. The Sacred Icon in Religious Taoism, in: Nachrichten der Gesellschaft für Natur- und Völkerkunde Ostasiens/Hamburg 144, 1988, S. 51-70.

234 TT 1139 San-tung chu-nang 8, 1a-24a. Vgl. F.C. Reiter, Der Perlenbeutel aus den Drei Höhlen (San-tung chu-nang), a.a.O., S. 129-148.

235 TT 1125 Tung-hsüan ling-pao san-tung feng-tao k'o-chieh ying-shih 2, 5b-7a. Vgl. F.C. Reiter, The Aspirations and Standards of Taoist Priests in the Early T'ang Period, a.a.O., S. 92-97.

236 Vgl. den Abschnitt »Die Idee der ›heiligen Schrift‹ im religiösen Taoismus«.

237 Zur Struktur des Kanons vgl.: J.M. Boltz, A Survey of Taoist Literature, a.a.O., S. 7-9; auch F.C. Reiter, The Taoist Canon of 749 A.D. at the Southern Indian Belvedere in Jen-shou District, Szechwan Province, a.a.O., S. 111-124.

238 Y. Yoshioka, Taoist Monastic Life, in: A. Seidel/H. Welch (Hg.), Facets of Taoism, a.a.O., S. 229-252. Yoshioka spricht über den Pai-yün kuan in Peking, in dem sich heute ein Trainingszentrum für Taoisten befindet.

239 Hierzu vgl. z.B. TT 590 Tao-chiao ling-yen chi. Vgl. F.C. Reiter, Some Observations Concerning Taoist Foundations in Traditional China, a.a.O.

240 Vgl. den Abschnitt »Aufgabe, Leben und Sein des Menschen«.

241 F.C. Reiter, Grundelemente und Tendenzen des religiösen Taoismus, a.a.O., S. 55-90.

242 Eine vollständige Übersetzung gibt: F.C. Reiter, How Wang Ch'ung-yang (1112-1170) the founder of Ch'üan-chen Taoism achieved enlightenment, in: Oriens 34, 1994, S. 503f.

243 D.h., nicht in der zu Lage sein, sich von Verdammnis und Strafe zu befreien.

244 Das ist die Beschreibung eines Lebens als taoistischer Adept bzw. »Unsterblicher«.

245 TT 1233 Ch'ung-yang li-chiao shih-wu lun, eine vollständige Übersetzung gibt: F.C. Reiter, Ch'ung-yang Sets Forth His Teachings in

Fifteen Discourses. A Concise Introduction to the Taoist Way of Life of Wang Che, in: Monumenta Serica 36, 1986, S. 33-54.

246 TT 1156 Ch'ung-yang chen-jen chin-kuan yü-suo chüeh ist eine hoch komplexe theoretische Schrift zum Themenkreis »innere Alchimie« *(nei-tan)*, d.h. innere Selbstkultivierung, die Wang Ch'ung-yang zugeschrieben wird. Sie dürfte aus einer frühen Phase seines Wirkens stammen. Ihre Terminologie bzw. ihr Einfluss lässt sich aber kaum in seinen oder in den von seinen Schülern stammenden späteren Ch'üan-chen-Texten ausmachen.

247 TT 1056 Chin-chen jen yü-lu 7b.

248 F.C. Reiter, Grundelemente und Tendenzen des religiösen Taoismus, a.a.O., S. 64.

249 TT 174 Chin-lien cheng-tsung hsien-yüan hsiang-chuan 11a-13a. Der Text ist datiert: 1324.

250 F.C. Reiter, Ch'iu Ch'u-chi, ein »Alchemist« im China des frühen 13. Jahrhunderts, a.a.O., S. 193, Anm. 35.

251 Ders., Grundelemente und Tendenzen des religiösen Taoismus, a.a.O., S. 66.

252 Vgl. etwa Liu Ch'u-hsüan; er kommentierte das Huang-t'ing ching (TT 401) und das Huang-ti yin-fu ching chu (TT 122). Zu Hao Ta-t'ungs Ausführungen zum I-ching vgl.: TT 1161 T'ai-ku chi.

253 So im Jahr 1188 Ch'iu Ch'ang-ch'un und Wang Ch'u-i; im Jahr 1197 Wang Ch'u-i. Vgl. F.C. Reiter, Grundelemente und Tendenzen des religiösen Taoismus, a.a.O., S. 66f.

254 F.C. Reiter, Grundelemente und Tendenzen des religiösen Taoismus, a.a.O., S. 139ff.

255 Davon zeugen auch die »Spitznamen« dieser Taoisten. So verweist »Eisenfuß« auf Wang Ch'u-i, der neun Jahre lang nachts auf einem Bein vor seiner Behausung stand und tagsüber bettelnd herumzog. »Eisengesicht« bezeichnet Hao Ta-t'ung, der sechs Jahre lang auf einer Brücke regungslos ausharrte.

256 Dokumentiert in den vielen »Literatursammlungen« *(wen-chi)* im taoistischen Kanon. Vgl. J.B. Boltz, A Survey of Taoist Literature, a.a.O., S. 143ff.

257 TT 1232 Tao-men shih-kuei. F.C. Reiter, Grundelemente und Tendenzen des religiösen Taoismus, a.a.O., S. 22f.

258 Lienche Tu Fang, Chang Yü-ch'u, in: L. Carrington Goodrich/C.

Fang (Hg.), Dictionary of Ming Biography 1368-1644, Bd. 1, London 1976, S. 108-110.

259 F.C. Reiter, Grundelemente und Tendenzen des religiösen Taoismus, a.a.O., S. 39, unter Bezug auf TT 1232 Tao-men shih-kuei 11b. Chang Yü-ch'u erhielt 1406 die kaiserliche Order, den taoistischen Kanon erneut zusammenzustellen und aufzulegen. Die »Zehn Regeln« wurden in Würdigung dieses Auftrags als »Eingabe« an den Hof verfasst.

260 TT 1125 Tung-hsüan ling-pao san-tung feng-tao k'o-chieh ying-shih 4, 5b ff. Vgl. F.C. Reiter, The Aspirations and Standards of Taoist Priests in the Early T'ang Period, a.a.O., S. 133 ff.

261 Vgl. den Abschnitt »Die Idee der ›heiligen Schrift‹ im religiösen Taoismus«.

262 F.C. Reiter, Grundelemente und Tendenzen des religiösen Taoismus, a.a.O., S. 80-88.

263 Ebenda, S. 80, 82.

264 Z.B. zum Literatengott Wen-ch'ang ti-chün. Vgl. T.F. Kleeman, Wenchang and the Viper. The Creation of a Chinese National God, Ann Arbor 1989. F.C. Reiter, Der Tempelberg Ch'i-ch'ü in der Provinz Szechwan im China der Gegenwart, Würzburg 1993.

265 M. Saso, Taoism and the Rite of Cosmic Renewal, a.a.O., S. 33.

266 N. Ofuchi, Chúgokujin no shúkyo girei, Okayama 1983. L. Lagerwey, Taoist Ritual in Chinese Society and History, a.a.O. K.M. Schipper, The Written Memorial in Taoist Ceremonies, in: A. Wolf (Hg.), Religion and Ritual in Chinese Society, Stanford 1974, S. 309-324. Ders., Le corps taoïste, a.a.O. M. Saso, Taoism and the Rite of Cosmic Renewal, a.a.O. K. Dean, Taoist Ritual and Popular Cults of Southeast China, Princeton 1993. Das Buch von Lagerwey, mit wesentlichem Bezug auf N. Ofuchi, enthält die meisten Details, weitreichende Interpretationen, Übersetzungen von Gebetsformeln und eindrucksvolle Bilddokumentationen.

267 J. Lagerwey, Taoist Ritual in Chinese Society and History, a.a.O., S. 51-59, 293. M. Saso, Taoism and the Rite of Cosmic Renewal, a.a.O., S. 38-44.

268 K.M. Schipper, Le Fen-teng. Rituel taoïste, Paris 1975.

269 Tao-te ching, Kapitel 42 (erster Teil): »Tao produced the One. The One produced the two. The two produced the three. And the three

produced the ten thousand things. The ten thousand things carry the yin and embrace the yang, and through the blending of the material force (ch'i) they achieve harmony [...].« Für die Übersetzung vgl.: Wing-tsit Chan, A Source Book in Chinese Philosophy, a.a.O., S. 160.

270 D. MacInnis, Religion im heutigen China. Politik und Praxis, übers. und hrsg. von R. Malek, Nettetal 1993.

271 Zu Wang Ch'u-i vgl. den vorausgehenden Abschnitt.

Literaturhinweise

1. Die asiatischen Quellen in den Anmerkungen

Die hier zitierte Edition des taoistischen Kanons (Tao-tsang; Abk.: TT) ist ein Nachdruck der Kopie 1925-1927 (Shanghai) durch den I-wen-Verlag, Taipeh 1977, 61 Bde.

Chen-kao (TT 1016).
Chin-chen jen yü-lu (TT 1056).
Chin-lien cheng-tsung hsien-yüan hsiang-chuan (TT 174).
Ch'ing-wei yüan-chiang ta-fa (TT 223).
Chúgokujin no shúkyó girei, N. Ofuchi, Okayama 1983.
Ch'ung-yang chen-jen chin-kuan yü-suo chüeh (TT 1156).
Ch'ung-yang li-chiao shih-wu lun (TT 1233).
Erh-shih-wu shih, Peking 1957.
Han t'ien-shih shih-chia (TT 1463).
Hsüan-feng ch'ing-hui lu (TT 176).
Huang-ti yin-fu ching chu (TT 122).
Huang-t'ing nei-ching yü-ching chu (TT401 und 402).
Li-shih chen-hsien t'i-tao t'ung-chien (TT 296).
Lu hsien-sheng tao-men k'o-i (TT 1127).
Pai-wen shih-san ching, hrsg. von Huang K'an, Shanghai 1983.
San-tung chu-nang (TT 1139).
Shang-ch'ing hou-sheng tao-chün lieh-chi (TT 442).
Shang-ch'ing tao lei-shih hsiang (TT 1132).
Shih-chi, Taipeh 1970.
Shuo-wen chieh-tzu, Peking 1979.
Sou-shen chi (TT 1476).
Ssu-k'u ch'üan-shu tsung-mu, Peking 1981.
T'ai-ku chi (TT 1161).
T'ai-p'ing ching (TT 1101).

T'ai-p'ing ching ho-chiao, hrsg. von Wang Ming, Peking 1979.
T'ai-shang Lao-chün chin-shu nei-hsü (TT 772).
T'ai-shang ling-pao chu-t'ien nei-yin tzu-jan yü-tzu (TT 97).
Tao-chiao i-shu (TT 1129).
Tao-chiao ling-yen chi (TT 590).
Tao-men ching-fa hsiang-ch'eng tz'u-hsü (TT 1128).
Tao-men shih-kuei (TT1232).
Tao-tsang t'i-yao, hrsg. von Jen Chi-yü, Peking 1991.
Tung-hsüan ling-pao erh-shih-ssu sheng t'u-ching (TT 1407).
Tung-hsüan ling-pao san-tung feng-tao k'o-chieh ying-shih (TT 1125).

2. Europäische Literatur

T. H. Barrett, Taoism under the T'ang. Religion & empire during the golden age of Chinese history, London 1996.

W. Bauer, China und die Hoffnung auf Glück. Paradiese, Utopien, Idealvorstellungen in der Geistesgeschichte Chinas, München 1971.

E. Biot, Le Tcheou li ou les Rites des Tcheou, Paris 1851.

J. Blofeld, I Ching. The Chinese Book of Changes, London 1976.

S. R. Bokenkamp, Sources of the Ling-pao Scriptures, in: M. Strickmann (Hg.), Tantric and Taoist Studies, Bd. 2, Brüssel 1983, S. 434-486.

J.M. Boltz, A Survey of Taoist Literature. Tenth to Seventeenth Centuries, Berkeley 1987.

L. Carrington Goodrich/C. Fang (Hg.), Dictionary of Ming Biography 1368-1644, London 1976.

W. Chan, A Source Book in Chinese Philosophy, Princeton 1972.

H. G. Creel, What is Taoism? And Other Studies in Chinese Cultural History, Chicago 1970.

K. Dean, Taoist Ritual and Popular Cults of Southeast China, Princeton 1993.

K. J. DeWoskin, A Source Guide to the Lives and Techniques of Han and Six Dynasties Fang-shih, in: Bulletin of the Society for the Study of Chinese Religions 9, 1981, S. 79-105.

M. Drexler, Daoistische Schriftmagie. Interpretationen zu den Schriftamuletten Fu im Daozang, Stuttgart 1994 (Münchener Ostasiatische Studien, Bd. 68).

W. Eberhard, Geschichte Chinas, Stuttgart 1971.

W. Eichhorn, Die Religionen Chinas, Stuttgart 1973.

H. A. Giles, A Chinese-English Dictionary, Shanghai 1892.

M. Granet, Das chinesische Denken – Inhalt, Form, Charakter, übers. von M. Porkert, München 1971.

Ders., Chinese Civilisation. A Political, Social and Religious History of Ancient China, übers. von K.E. Innes/M.R. Brailsford, New York 1964.

Harvard-Yenching Institute Sinological Index Series, Nr. 25, Nachdruck, Taipeh 1966.

R.G. Henricks, Lao-tzu Te-tao ching, a new translation based on the recently dicovered Ma-wang-tui texts, New York 1989.

R. Homann, Die wichtigsten Gottheiten im Huang-t'ing ching, Göppingen 1971.

Ch.O. Hucker, A Dictionary of Official Titles in Imperial China, Stanford 1985.

A. F. P. Hulsewé, Watching the Vapours. An Ancient Chinese Technique of Prognostication, in: Nachrichten der Gesellschaft für Natur- und Völkerkunde Ostasiens/Hamburg 125, 1979.

M. Kaltenmark, The Ideology of the T'ai-p'ing ching, in: H. Welch/A. Seidel (Hg.), Facets of Taoism, London 1979.

I. E. Kasoff, The Thought of Chang Tsai (1020-1077), Cambridge 1984.

R. Kirkland, Ssu-ma Ch'eng-chen and the role of Taoism in the medieval Chinese polity, in: Journal of Asian History 31/2, 1997, S. 105-138.

T. F. Kleeman, Wenchang and the Viper. The Creation of a Chinese National God, Ann Arbor 1989.

J. Lagerwey, Taoist Ritual in Chinese Society and History, London 1987.

J. Legge (Hg. und Übers.), The Chinese Classics, Hongkong/London 1871.

P. van der Loon, Taoist Books in the Libraries of the Sung Period, Oxford 1984.

D. MacInnis, Religion im heutigen China. Politik und Praxis, übers. und hrsg. von R. Malek, Nettetal 1993.

B.J. Mansvelt Beck, The Date of the Tai-ping Jing, in: T'oung Pao LXVI/4-5, S. 149-182.

H. Maspero, Le taoïsme et les religions chinoises, Nachdruck, Paris 1971.

H. G. Möller, Laotse Tao Te King, nach den Seidentexten von Mawangdui, Frankfurt/M. 1995.

N. Ofuchi, On Ku Ling-pao ching, in: Acta Asiatica 27, 1974, S. 33-56.
V. Olles, Spuren des Himmelsmeisters. Zur Rolle von Zhang Daoling in der frühen daoistischen Religion, Münster 1998.
F.C. Reiter, Conditions, Ways and Means of Healing in the Perspective of the Chinese Taoist, in: Oriens 33, 1992, S. 348-362.
Ders., Lao-tzu zur Einführung, Hamburg 1994.
Ders., Der Tempelberg Ch'i-ch'ü in der Provinz Szechwan im China der Gegenwart, Würzburg 1993.
Ders. (Hg.), Leben und Wirken Lao-Tzu's in Schrift und Bild, Lao-chün pa-shih-i hua t'u-shuo, Würzburg 1990.
Ders., Grundelemente und Tendenzen des religiösen Taoismus. Das Spannungsverhältnis von Integration und Individualität in seiner Geschichte zur Chin-, Yüan- und frühen Ming-Zeit, Stuttgart 1988 (Münchener Ostasiatische Studien, Bd. 48).
Ders., The »Investigation Commissioner of the Nine Heavens« and the Beginning of his Cult in Northern Chiang-hsi in 731 A.D., in: Oriens 31, 1988, S. 266-289.
Ders., The Visible Divinity. The Sacred Icon in Religious Taoism, in: Nachrichten der Gesellschaft für Natur- und Völkerkunde Ostasiens/Hamburg 144, 1988, S. 51-70.
Ders., How Wang Ch'ung-yang (1112-1170) the founder of Ch'üan-chen Taoism achieved enlightenment, in: Oriens 34, 1994, S. 503f.
Ders., Ch'ung-yang Sets Forth his Teachings in Fifteen Discourses. A Concise Introduction to the Taoist Way of Life of Wang Che, in: Monumenta Serica 36, 1986, S. 27-54.
Ders., Some Observations Concerning Taoist Foundations in Traditional China, in: Zeitschrift der Deutschen Morgenländischen Gesellschaft (ZDMG) 133, 1983, S. 363-376.
Ders., Auspicious Clouds. An Inspiring Phenomenon of Common Interest in Traditional China, in: Zeitschrift der deutschen Morgenländischen Gesellschaft (ZDMG) 141, 1991, S. 114-130.
Ders., Ch'iu Ch'u-chi, ein »Alchemist« im China des frühen 13. Jahrhunderts. Neue Gesichtspunkte für eine historische Bewertung, in: Zeitschrift der deutschen Morgenländischen Gesellschaft (ZDMG) 139, 1989, S. 184-207.
Ders., Some Notices on the »Magic Agent Wang« (Wang ling-kuan) at Mt. Ch'i-ch'ü in Tzu-t'ung District, Szechwan Province, in: Zeitschrift

der deutschen Morgenländischen Gesellschaft (ZDMG) 148, 1998, S. 321-340.
Ders., The Taoist Canon of 749 A.D. at the Southern Indian Belvedere in Jen-shou District, Szechwan Province, in: Zeitschrift der deutschen Morgenländischen Gesellschaft (ZDMG) 148, 1998, S. 111-124.
Ders., Bai Yuchan's (fl. 1209-1224) understanding of Laozi's dictum »the valley spirit never dies«, in: Chinablätter 19, 1994, S. 13-26.
Ders., Der Perlenbeutel aus den Drei Höhlen (San-tung chu-nang). Arbeitsmaterialien zum Taoismus der frühen T'ang-Zeit, in: Asiatische Forschungen, Bd. 112, Wiesbaden 1990, S. 200.
Ders., Kategorien und Realien im Shang-ch'ing-Taoismus (Shang-ch'ing tao lei-shih hsiang). Arbeitsmaterialien zum Taoismus der frühen T'ang-Zeit, in: Asiatische Forschungen, Bd. 119, Wiesbaden 1992, S. 143.
Ders., The Aspirations and Standards of Taoist Priests in the Early T'ang Period, in: Asien- und Afrika-Studien an der Humboldt-Universität zu Berlin, Bd. 1, Wiesbaden 1998, S. 241.
I. Robinet, La révélation du Shangqing dans l'histoire du taoïsme, 2 Bde., Paris 1984.
Dies., Meditation taoïste, Paris 1979.
M. Saso, Taoism and the Rite of Cosmic Renewal, Washington 1972.
K. Schipper, L'empereur Wou des Han dans la légende taoïste, Han Wou-ti nei-tchouan, Paris 1965.
Ders., Le corps taoïste, Paris 1982.
Ders., The Written Memorial in Taoist Ceremonies, in: A. Wolf (Hg.), Religion and Ritual in Chinese Society, Stanford 1974, S. 309-324.
Ders., Le Fen-teng. Rituel taoïste, Paris 1975.
H. Schmidt-Glintzer, Geschichte der chinesischen Literatur, Bern 1990.
E. Schwarz, Laudse. Daudedsching, Nördlingen 1980.
A.K. Seidel, La divinisation de Lao Tseu dans le taoïsme des Han, Paris 1969.
R.A. Stein, Religious Taoism and Popular Religion from the Second to Seventh Centuries, in: H. Welch/A. Seidel (Hg.), Facets of Taoism, London 1979.
M. Strickmann, Therapeutische Rituale und das Problem des Bösen im frühen Taoismus, in: G. Naundort u.a. (Hg.), Religion und Philosophie in Ostasien, Würzburg 1985, S. 185-200.
Ders., Le taoïsme du Mao Chan. Chronique d'une révélation, Paris 1981.

P. U. Unschuld, Die Praxis des traditionellen chinesischen Heilsystems, unter Einschluß der Pharmazie dargestellt an der heutigen Situation in Taiwan, Wiesbaden 1973.
A. Waley, The Travels of an Alchemist. The journey of the Taoist Ch'ang-ch'un from China to the Hindukush at the summons of Chingiz Khan, Nachdruck, London 1963.
B. Watson, The Complete Works of Chuang Tzu, New York 1968.
R. Wilhelm, Dschuang Dsi. Das wahre Buch vom südlichen Blütenland, Jena 1920.
Ders., Laotse Tao Te King, Jena 1941.
Ders., Li Gi. Das Buch der Riten, Sitten und Gebräuche, Düsseldorf 1981.
Y. Yoshioka, Taoist Monastic Life, in: A. Seidel/H. Welch (Hg.), Facets of Taoism, London 1979, S. 229-252.
E. Zürcher, Buddhist Influence on Early Taoism, in: T'oung Pao 66, 1980, S. 84-147.

Weitere Publikationen des Autors zum Thema Taoismus und chinesische Religionen

Religionen in China, Geschichte, Alltag, Kultur, München 2002.
Basic Conditions of Taoist Thunder Magic, Wiesbaden 2007 (Abhandlungen für die Kunde des Morgenlandes Bd. 61).
(Hg.), Foundations of Daoist Ritual. A Berlin Symposium, Wiesbaden 2009 (Asien- und Afrika-Studien 33 der Humboldt-Universität zu Berlin).
Die Verbindung von Menschlichkeit und Göttlichkeit, Taoistische Ansichten des Lebens, Wiesbaden 2010 (Asien- und Afrika-Studien 34 der Humboldt-Universität zu Berlin).

Florian C. Reiter, geb. 1948, ist Professor für Sinologie an der Humboldt-Universität zu Berlin.
Veröffentlichungen u.a.: Leben und Wirken Lao-Tzu's in Schrift und Bild (1990); Der Tempelberg Ch'i-ch'ü in der Provinz Szechwan im China der Gegenwart (1993); The Aspirations and Standards of Taoist Priests in the Early T'ang Period (1998).